MAN wächst AN JEDER Herausforderung.

INHALT

THE BIG BOOK OF CHALLENGES

ENTDECKE DICH NEU

100 CHALLENGES

1 TAG
7 TAGE
30 TAGE
365 TAGE

»Alle Hindernisse und Schwierigkeiten sind Stufen, auf denen wir in die Höhe steigen.
FRIEDRICH NIETZSCHE

RAUS AUS DEM TROTT

Englisch für ‚Herausforderung', aber auch ‚Infragestellung'.

CHALLENGE

Einkaufen, Verkehrsstau, Bürotumult, Wäsche waschen, Staubsaugen, Rechnungen zahlen, Kinder chauffieren, Zahnarzttermine, ach, und das Handy klingelt ja auch schon wieder. Im Alltag geht nicht jeder neue Tag auch mit neuen Erkenntnissen und inspirierenden Aha-Momenten einher. In den schnelllebigen, hektischen Zeiten, in denen wir leben, ist uns schon lange ein hinterlistiger Schurke auf den Versen – der Trott. Ein unangenehmer Kamerad, der uns Antrieb, Energie und die Lust an der Arbeit geradezu aussaugt. Die meisten von uns geben sich der aufgezwungenen Alltagsmusik oft nur noch hin, ohne dabei derjenige zu sein, der den Ton angibt. Und ehe wir's uns versehen, ist unser Vorrat an jugendlichem Motivationsfeuer und Elan aufgezehrt und wir funktionieren nur noch, wie ein Rädchen im Uhrwerk.

Nicht selten kommt Motivationslosigkeit schleichend und nistet sich in unsere alltägliche Routine ein, als wäre sie schon immer da gewesen. Man lernt mit ihr zu leben oder – was noch bedenklicher ist – bemerkt sie kaum mehr. Viel zu beschäftigt ist man in seiner Tretmühle aus Arbeit, Haushalt, Geld und Familie.

Dabei muss man eigentlich nur wieder auf den Geschmack kommen, sich Neuem zu stellen und einfach jede Gelegenheit nutzen, die Dinge auch mal wieder anders anzupacken, als man es gewohnt ist. Denn, ganz ehrlich, die meisten von uns geben sich ihren gewohnten Lebensstrukturen hin und können sich kaum mehr daran erinnern, je anders gelebt zu haben. Die Frage ist doch: Müssen wir denn immer alles genau so machen, wie wir es gewohnt sind? Die Antwort ist kurz: Nö!

HERAUSFORDERUNGEN
EGAL WIE KLEIN!

Der Mensch ist also ein Gewohnheitstier. Das ist ja keine Neuigkeit und muss auch nicht zwangsläufig schlecht sein. Unpraktisch wird es bloß, wenn unsere Gewohnheiten uns schaden, denn Gewohnheiten lassen sich nur mit viel Mühe wieder vergraulen. Der amerikanische Schriftsteller Mark Twain formulierte es treffend: „Eine Angewohnheit kann man nicht aus dem Fenster werfen. Man muss sie die Treppe hinunterprügeln, Stufe für Stufe."

Warum wir tun, was wir tun, kann neben der Gewohnheit natürlich auch etliche andere Ursachen haben: Pflichtgefühl, Rache, Streben nach Sicherheit, Nostalgie, Liebe, Gier, Anerkennung und viele mehr. Ebenso lang wie die Liste der Motive, weshalb wir so handeln, wie wir es tun, ist auch die Liste der Dinge, die uns motivieren. Für die einen sind es Belohnungen oder auch Bestrafungen, für andere ist es der direkte Wettkampf oder das schiere Bedürfnis, mal etwas noch nie Gewagtes zu tun.

Egal, was einen antreibt, zu Beginn steht immer die Herausforderung, der wir uns stellen müssen. Dabei macht es beinahe keinen Unterschied, wie groß oder klein diese ist. Ob das Erklimmen einer Felswand oder das Malen eines Bildes – alles kann uns herausfordern und neue Blickwinkel eröffnen.

Wir müssen uns allerdings nicht nur auf Herausforderungen einlassen, sondern uns diese oftmals auch noch selbst suchen. Wer im Hamsterrad des Alltags läuft, der stößt nur noch selten auf ungeahnte Hindernisse, die zu bewältigen wären. Dieser Schritt der aktiven Suche nach Herausforderungen ist demnach nicht zu unterschätzen (und hat dich vermutlich überhaupt mit diesem Buch bekannt gemacht).

Auf über 250 Seiten geben wir jedem, der ein bisschen an seiner Alltagsroutine rütteln möchte, eine Liste von 100 Herausforderungen an die Hand, denen man sich stellen kann – und auch sollte.

CHALLENGE
WARUM ÜBERHAUPT?

Aber warum das alles überhaupt, könnte man an dieser Stelle fragen? Warum absichtlich gewohnte Strukturen durchbrechen, unsere bequeme Vorhersehbarkeit über Bord verwerfen und Neues wagen? Was bringen uns Herausforderungen? Jeder trägt ein Netz aus den unterschiedlichsten Motiven in sich, um Herausforderungen zu bewältigen. Aber dazu später mehr. Hier ein paar allgemeine Gründe, weshalb sich jede Challenge lohnt:

- **STIMMUNGSBAROMETER**
  Wer sich auf den Wechsel von Aktivitäten im Alltag und die Neuordnung unserer eigenen Lebensregeln einlässt, der hebt seine allgemeine Gemütsstimmung und schafft gute Laune. Idealerweise überträgt sich diese dann auch auf unsere Mitmenschen.

- **ABENTEUERLUST**
  In uns allen steckt ein wissbegieriger kleiner Abenteurer, was viele von uns irgendwie vergessen zu haben scheinen. Zu lang sind sie her, unsere entdeckungsreichen Kindertage. Aber Entdecker – ganz klar – lieben nun mal das Unvorhersehbare und Unbekannte. Wer also ein Hindernis gemeistert hat, bekommt oft Drang nach noch mehr Herausforderungen.

- **GLÜCKSGEFÜHLE**
  Neues macht glücklich. So ist das nun mal und wer's nicht glaubt, der hat vermutlich schon lange nichts Neues mehr ausprobiert. Schließlich werden beim Erlernen von neuem Wissen und frischen Erfahrungen Glücksbotenstoffe freigesetzt.

- **GELASSENHEIT**
  Wer sich die Zeit nimmt, an neuen Aufgaben zu wachsen oder gar über sich hinauszuwachsen, entwickelt oft eine innere Ruhe und Gelassenheit. Cool sind sie nun mal, die Abenteuerlustigen. Mit jeder Erfahrung weiß man einmal mehr: Ich kann alles schaffen! Wenn das kein beruhigender Gedanke ist.

- **DAS ANDERE ICH**
  Wer sich in nie durchlebten Situationen wiederfindet, lernt sich selbst noch einmal ganz anders kennen. Zu lernen, sich selbst einzuschätzen und zu realisieren, wozu man im Stande ist, ändert nicht nur unsere Sichtweise auf die Umwelt. Vor allem ändert sich der ins eigene Ich gerichtete Blick und man lernt ungeahnte Seiten von sich kennen.

MOTIVATION
WAS WAR DAS NOCH MAL?

Leider kommt uns ein Störenfried auf die Schliche, der uns von unserer Zielsetzung und unseren Herausforderungen immer wieder fernhalten will und der uns das Leben schwer macht: Die Motivationslosigkeit. Motivation – das hört man ja heutzutage überall – soll nämlich der Schlüssel zum Erfolg sein. Ganz gleich, ob in der Karriere, beim Sport oder beim Nachgehen von Hobbys, ohne Motivation geht nichts mehr.

Im alltäglichen Gebrauch wird Motivation als ein Begriff verwendet, der eine hohe Bereitschaft zur Leistungserbringung beschreibt, bei der in der Regel eine entschlussfreudige, positive Konnotation mitschwingt. Ganz nach dem Motto „Juhu, ich bin supermotiviert und schaff das!" beschreibt Motivation quasi den Antrieb eines Menschen.

DER BEGRIFF IN DER FACHPSYCHOLOGIE

Die Motivation in der Fachpsychologie hingegen entspricht nicht dem Motivationsbegriff, wie wir ihn aus dem Alltag kennen. Stattdessen verbirgt sich hinter dem Begriff eine erweiterte Definition. Die psychologische Auslegung ist nämlich im Wesentlichen neutral. Hohe Motivation ist weder gut noch schlecht. Vielmehr steht sie für einen Drang zu Aktivität, ob sie nun nützlich ist oder nicht, das bleibt dabei zunächst außer Acht. Die eigentliche Begriffserklärung liegt im Grunde im Wort selbst: Motivation umfasst die Motive eines Menschen, welche ihn handeln, entscheiden und agieren lassen. Unser Verhalten basiert daher auf den unterschiedlichsten Beweggründen bzw. Motiven, die von Mensch zu Mensch in ihrer Auslegung und Intensität variieren.

MERKMALE DER MOTIVATION

Das wohl wichtigste Merkmal gleich vorweg: Motivation ist ziemlich wankelmütig. Sie ist vergänglich und muss daher so gut es geht in Schutz genommen werden. Gerade deswegen sollte Motivation alles sein, nur nicht selbstverständlich. Sie ist nie von Dauer und gleitet einem unerwartet schnell aus den Händen. In einem Moment ist man hochmotiviert bei der Sache und im nächsten wird man von Lustlosigkeit und dunklen Gedanken geplagt, welche einen bloß so weit wie möglich vom Ziel wegtreiben wollen.

Die relevantesten Merkmale von Motivation sind:

- **AKTIVIERUNG**
  Am Anfang war die Bewegung. Der Prozess Motivation bedeutet immer, dass Verhalten in Bewegung gesetzt wird.
- **RICHTUNG**
  Haltestelle: Ziel. Die Aktivität bleibt in der Regel so lange bestehen, bis ein bestimmtes Ziel erreicht ist
- **INTENSITÄT**
  Was du tust, kann mehr oder weniger stark, kräftig oder gründlich ausgeführt werden.
- **AUSDAUER**
  Wer zielstrebig ist, bleibt üblicherweise beständig bei der Sache, selbst, wenn sich mal Schwierigkeiten ergeben.

Motivation ist also eine komplexe Angelegenheit und dank seiner Flatterhaftigkeit nur schwer zu erzwingen. Aber es ist eben ‚nur' schwer, nicht unmöglich. Die gute Nachricht ist nämlich, dass man selbst großen Einfluss auf die Entwicklung seiner eigenen Motivation haben kann. Sie ist lenkbar und kann mit den richtigen Tricks auch andauern. Allerdings ist dafür eine tiefgehende Auseinandersetzung mit den eigenen Beweggründen notwendig.

ENERGIE LIEFERANT EMOTION

Am Ende ist alles – irgendwie – Gefühlssache (oder sollte es zumindest sein). Wie und wofür wir uns entscheiden, wie wir auf unsere Umgebung reagieren und wie wir letztlich handeln: Unsere Gefühle und Empfindungen entscheiden mit.

Emotionen sind komplexe Verhaltensmuster, die sich im Laufe der Evolution herausgebildet haben, um bestimmte Anpassungsprobleme zu lösen. Das Individuum kann dank ihnen rasch und der jeweiligen Situation entsprechend handeln. Negativ konnotierte Emotionen wie Angst müssen daher im Allgemeinen nicht schlecht sein, schützen sie uns doch vor Gefahren und gewährleisten – in der Natur – das eigene Überleben.

Emotionen bringen uns Menschen aber auch dazu, uns auf unsere Ziele hin zu bewegen – und das zu einer optimalen Leistung. Denn was in unserer Gefühlswelt vor sich geht, kann einen immensen Einfluss auf unseren ganzen Körper haben. Jeder, der schon einmal unsterblich verliebt war oder einer wichtigen Prüfung entgegengefiebert hat, weiß, wovon die Rede ist. Wenn der Körper vor lauter Liebe, Ehrgeiz, Aufregung oder Angst vereinnahmt ist, werden Emotionen zu einer treibenden Kraft – aber auch zu einer hemmenden. Für das Meistern einer schwierigen Herausforderung ist es demzufolge essenziell, sich seiner Emotionen und deren Hintergründe bewusst zu werden. Nur so, können wir uns unsere Gefühle in entscheidenden Situationen zu Nutze machen.

Motivation und Emotion sind also keinesfalls verschiedene psychische Prozesse, sondern funktionieren eher als zwei Seiten derselben Medaille. Erst, wenn man das entsprechende Ziel, zu dem einen die vorhandenen Kräfte drängen, betont, spricht man von Motivation.

KLEINE BEGRIFFSKUNDE

Einige Begriffe aus der Psychologie kurz erklärt:

- **MOTIVE**
  ...sind richtunggebende, leitende und antreibende psychische Ursachen des Handelns. Es sind mehr oder minder unveränderliche Persönlichkeitsmerkmale, die beschreiben, wie relevant es für ihren Besitzer ist, bestimmte Ziele zu erreichen bzw. auf eine bestimmte Weise zu handeln.
- **MOTIVATION**
  ...ist der Zustand des Motiviertseins.
- **LERNMOTIVATION**
  ...kann als ein Sammelbegriff für alle emotionalen und kognitiven Prozesse verstanden werden, die dem Lernenden helfen etwas Neues zu lernen.
- **EMOTIONEN**
  ...sind psychische Erregungen und spielen bei Motiven oftmals eine wichtige Rolle. Immerhin wiederholen alle Lebewesen, einschließlich uns Menschen, jene Handlungen, bei denen sie Lust empfunden haben. Tritt Unlust auf, werden diese vermieden.

MOTIVE, MOTIVE, MOTIVE

Motive sind die Gründe, welche unserem Handeln ihre Richtung geben und leiten. Sie sind es, die uns antreiben und zielgerichtet agieren lassen. Die Intensität eines Motivs in einem konkreten Einzelfall setzt sich über eine Grundmotivation hinaus aus zwei weiteren Faktoren zusammen: Den Erfolgsaussichten und dem individuellen Wert eines Ziels. Man unterscheidet zudem zwischen zwei Motivtypen:

- **INTRINSISCHE MOTIVE**
  Bei der intrinsischen Motivation wird der Lernende von der Beziehung zum Lernstoff motiviert, d.h. externe Belohnungen sind nicht notwendig. Der intrinsisch Motivierte handelt aus Interesse, Freude und Bedürfnis, sodass die eigene Begeisterung für etwas bereits der eigentliche Antriebsfaktor ist. Die Motive haben in der Regel eine besondere Bedeutung für die eigene Lebensgestaltung und sind Lösungsmöglichkeit für persönliche Probleme.
- **EXTRINSISCHE MOTIVE**
  …sind außenliegende Motive, bei denen der Anreiz von außen kommt. Extrinsisch motivierte Menschen handeln zum Beispiel um Anerkennung, Lob oder Prestige zu erlangen. Hierbei kann man auch zwischen materiellen Motiven (z.B. eine Gehaltserhöhung) und sozialen Motiven (z.B. sein Ruf) unterscheiden.

MOTIVE: EINE LISTE

Die meisten Motive, wie etwa Ehrgeiz oder Neugier, können grundsätzlich in jedem Menschen vorhanden sein, sie sind jedoch von Person zu Person verschieden stark ausgeprägt. Nicht für jeden sind Machtstreben oder soziale Bedürfnisse von der derselben Bedeutung. Diese Ausprägung von Motiven kann als Persönlichkeitsmerkmal eines Menschen betrachtet werden, bleibt also weitgehend über die Zeit beständig und unverändert.

Der amerikanische Psychologe Steven Reiss fand durch empirische Erhebungen und eher anekdotische Beschreibungen von öffentlichen Personen 16 Lebensmotive, die angeboren sind, und das menschliche Verhalten bestimmen. Nach ihm entwickelt jeder Mensch ein individuelles ‚Motivationsprofil'. Hier die 16 Motive und das, was der Motivierte dabei anstrebt:

- **MACHT**
  Erfolg, Leistung, Führung und Einfluss
- **UNABHÄNGIGKEIT**
  Freiheit, Selbstgenügsamkeit und Autarkie
- **NEUGIER**
  Wissen und Wahrheit
- **ANERKENNUNG**
  Soziale Akzeptanz, Zugehörigkeit und positiver Selbstwert
- **ORDNUNG**
  Stabilität, Klarheit und gute Organisation
- **SPAREN**
  Anhäufung materieller Güter und Eigentum
- **EHRE**
  Loyalität und moralische, charakterliche Integrität
- **IDEALISMUS**
  Soziale Gerechtigkeit und Fairness
- **BEZIEHUNGEN**
  Freundschaft, Freude und Humor
- **FAMILIE**
  Familienleben und eigene Kinder
- **STATUS**
  „Social standing", Reichtum, Titel und öffentliche Aufmerksamkeit
- **RACHE**
  Konkurrenz, Kampf, Aggressivität und Vergeltung
- **ROMANTIK**
  Erotisches Leben, Sexualität und Schönheit
- **ERNÄHRUNG**
  Essen und Nahrung
- **KÖRPERLICHE AKTIVITÄT**
  Fitness und Bewegung
- **RUHE**
  Entspannung und emotionale Sicherheit

BEDÜRFNISSE:
DAS TIER IN MIR

Beobachtet man Tiere, erkennt man, dass die meisten Tätigkeiten lediglich der Befriedigung der Lebensbedürfnisse bzw. der Erhaltung des eigenen Lebens dienen. Die Suche nach Nahrung, Feindvermeidung oder Fortpflanzung sind angeborene Verhaltensmuster und ermöglichen das Überleben des einzelnen Tieres und dessen Art. Begibt sich das Tier auf Futtersuche, weil es hungert, so bestimmt die Stärke des Hungers zudem die Intensität seiner Motivation neue Nahrung zu finden.

Natürlich fletschen wir, als Menschen, auf der Suche nach dem passenden Imbiss für die Mittagspause nicht gleich die Zähne, wenn die Suche nach diesem zu lange dauert. Doch der ein oder andere weiß sicher um seine aufsteigende innere Unruhe und sein schnippisches Verhalten, wenn ihn der Hunger plagt. Aus biologischer Perspektive sind wir am Ende eben doch alle nur Tiere, die ihren Grundbedürfnissen nachgehen. Es sind Bedürfnisse, die in uns Gefühle auslösen, die ihrerseits motivierend wirken und Handlungen in Gang setzen.

DIE MASLOWSCHE BEDÜRFNISPYRAMIDE

In der Bedürfnispyramide beschrieb der amerikanische Psychologe Abraham Maslow (1908–1970) die menschlichen Motivationen. Das Modell stellt dar, wie die Bedürfnisse in hierarchisch angeordneten Abstufungen aufeinander aufbauen. Diese Bedürfnishierarchie macht deutlich, wie aus einem Bedürfnis eine Motivation werden kann, um letztlich das Verhalten und Handeln des Einzelnen zu beeinflussen. Maslow ging davon aus, dass der Mensch von Natur aus gut ist und den Wunsch hegt, sich selbst entfalten zu können. Für das Funktionieren der Pyramide wird das Streben nach der Entwicklung der eigenen Persönlichkeit vorausgesetzt. Kurz: Wir wollen weiter, nach vorne, nach oben. Sobald uns diese ‚Vorwärtstendenz' im menschlichen Wesen eine Stufe hat aufsteigen lassen bzw. das Bedürfnis, für welche sie steht, befriedigt worden ist, entwickelt der Mensch eine Motivation für die nächste Ebene. Als würde man eine Treppe hinaufsteigen, Stufe für Stufe zur Selbstverwirklichung.

Die Ebenen in der Pyramidenspitze werden auch als Wachstumsbedürfnisse bezeichnet, wohingegen die ersten vier Bedürfnisse die Defizitbedürfnisse genannt werden. Bei Letzteren kann Nichtbefriedigung unerfreuliche Folgen haben, wie etwa Krankheiten auslösen, und ein Gefühl der Entbehrung und Not entfachen.

Die Maslowsche Pyramide enthält folgende Ebenen:

- **GRUNDBEDÜRFNISSE**
  Die wichtigsten physiologischen Bedürfnisse sind Hunger, Durst und Sexualität. Bei konstanter Befriedigung verlieren sie an Bedeutung.
- **SICHERHEITSBEDÜRFNISSE**
  Menschen suchen stets nach Stabilität, Ordnung, Schutz, Freiheit von Angst und Chaos, Ordnung und Gesetz. Wenn die Grundbedürfnisse befriedigt sind, die Sicherheitsbedürfnisse jedoch nicht, bestimmen diese weitgehend unser Handeln. Menschen wünschen sich im Allgemeinen gewohnte Strukturen, Inkonsistenz verunsichert sie.
- **SOZIALE BEDÜRFNISSE**
  Zugehörigkeit, Liebe, Familie und Freunde – danach sehnen wir uns. Ergebnisse soziologischer Studien bestätigen außerdem, dass sich die Entwurzelung aus Bezugsgruppen, z.B. durch Emigration oder Umzug an einen anderen Wohnort, negativ auf Menschen auswirkt.
- **INDIVIDUALBEDÜRFNIS**
  Das Bedürfnis umfasst zum einen den Wunsch nach Stärke, Leistung und Kompetenz, zum anderen das Verlangen nach Wertschätzung, Prestige, Status, Ruhm und Macht. Darauf gründet sich unser Selbstwertgefühl.
- **SELBSTVERWIRKLICHUNG**
  Die Auswirkung der Selbstentfaltung ist bei jedem Menschen unterschiedlich ausgeprägt. Es ist die Suche nach der Einheit unserer Persönlichkeit – und auch nach der Wahrheit. Das „ganze Ich", das mit sich selbst in Harmonie lebt: Heiter, freundlich, mutig, ehrlich, gütig. Nur den Schlüssel zu diesem vollkommenen Ich, den muss jeder für sich ausfindig machen.

DAS MASLOWSCHE MODELL IN DER PSYCHOLOGIE

Maslows Modell lässt sich empirisch nicht durchgängig bestätigen. Die Zufriedenheit eines Menschen ist schließlich nicht messbar, sondern nur über dessen eigene Aussage nachvollziehbar. Die Pyramide von Maslow ist daher kein starres Konzept, das jeden Menschen gleichermaßen beschreibt. Die Grenzen zwischen den einzelnen Pyramidenstufen verlaufen eher fließend. Die Theorie Maslows sollte daher lediglich als umfassende Struktur der menschlichen Ideale verstanden werden. Sie ist als heuristisches Konzept zu verstehen, mit dem man die Entwicklung von Motiven veranschaulichen kann.

MOTIVATION LERNEN:
EINE SACHE DER ÜBUNG?

Die Ausprägung unserer Motive und vor allem, welche diese sind, ist – wie wir ja nun gelernt haben – weitgehend in unserer Persönlichkeit festgelegt. Dennoch bedeutet das in keiner Weise, dass wir nicht in der Lage wären unsere angeborenen oder anerzogenen Motivkonstruktionen selbst zu formen. Dafür müssen wir unsere eigenen Motive analysieren und unsere Motivation kennenlernen, wie einen alten Bekannten.

Mit diesen allgemeinen Tipps kannst du Motivation lernen. Gleich vorweg: Hier ist Vorstellungsvermögen gefragt!

- **ZIELE SETZEN**
  Was will ich erreichen und: Wie wichtig ist es mir, mein Ziel auch wirklich zu erreichen? Die klare Formulierung eines Ziels führt dazu, dass wir uns dieses wieder und wieder deutlich vor Augen halten können.
- **ERGEBNISSE BILDLICH VORSTELLEN**
  Ich, ganz oben auf dem Siegertreppchen. Knallende Champagnerkorken, Glitzerkonfetti und Jubel von allen Seiten. Egal, was dein Ziel ist und dich antreibt, die detailverliebte, bildliche und – vor allem – positive Visualisierung wirkt wahre Wunder. Nichts geht über die Vorstellungskraft!
- **ZEITDRUCK**
  Wer kennt es nicht: Die Arbeit wird ständig aufgeschoben, bis sie sich nicht länger rauszögern lässt. Erst kurz vor der Deadline machen wir uns ans Werk. Künstlicher Zeitdruck ist daher eine wunderbare Methode, um auch wirklich zu Potte zu kommen. Vorzugsweise erzählt man noch vielen Menschen von seiner (geflunkerten) Deadline, damit sie so realistisch wie möglich wirkt.
- **KENNE DEINE MOTIVIERENDEN FAKTOREN**
  Wie ticke ich selbst? Was motiviert und was demotiviert mich? Dafür gräbt man am besten etwas in seinen eigenen Erinnerungen. Was hat einem bei der letzten großen Prüfung geholfen, oder was hat einem das Lernen erschwert?
- **REALISTISCHE ZIELE SETZEN**
  Frustration ist ein absoluter Motivationskiller. Man sollte daher gleich zu Beginn seine Ziele realistisch einschätzen und nicht seine anfängliche Euphorie die Überhand gewinnen lassen. Am besten zerlegt man eine Challenge in viele kleine Aufgaben. So hat man nicht die eine überwältigende Herausforderung vor sich, sondern eine Reihe von kleinen Hindernissen.

- **BELOHNE DICH!**
  „Wenn ich heute lerne, geh ich morgen ins Kino.“ Was auch immer deine Augen zum Leuchten bringt, halte dich nie zurück deine Mühen auch mal damit zu belohnen. Auch hier: Bitte realistisch planen! Wer sich zur Belohnung schon in der Hängematte am Strand auf Mauritius schaukeln sieht, aber kein Geld für Urlaub hat, ist am Ende nur frustriert.

MOTIVATIONSKILLER

Diese Faktoren können deiner Motivation den Gar ausmachen:

- **STRESS**
  …ist der Motivationskiller schlechthin. Jedoch sollte langfristiger Stress nicht mit kurzlebigem Druck, z.B. Zeitdruck, verwechselt werden, denn dieser kann einen auch antreiben.
- **UNTER- ODER ÜBERFORDERUNG**
  Wer sich langweilt, weil ihm die Aufgaben zu einfach werden, wird schon bald ebenso unmotiviert sein wie jemand, der an seinen Aufgaben scheitert. In beiden Szenarien entwickelt die Person selbstauferlegten Druck, der schnell zu Stress wird. Und was wir von dem halten, haben wir ja bereits geklärt.
- **EIGENE GEDANKEN**
  Erst einmal: Dieser Punkt soll in keinem Fall bedeuten, dass autonomes Denken verboten ist. Allerdings können sich eigene, ganz besonders negative Gedanken, oft in Nullkommanix verselbstständigen und ehe man sich's versieht, ziehen einen die eigenen Spinnereien nur noch runter. Es schadet also nicht, die eigenen Gedanken unter einer gewissen Kontrolle zu halten.
- **MANGEL AN ANERKENNUNG**
  Manchmal braucht man einfach nur einen lobenden Knuff in die Schulter und schon schnellt das Motivationsbarometer nach oben. Tipp: Wenn's kein anderer tut, kann auch das Selbstlob oft schon kleine Wunder wirken.
- **SCHLECHTE KOMMUNIKATION**
  …kann unglaublich frustrieren, denn sie sorgt für unnötige Verwirrung. Wer in seiner Challenge auf seine Mitmenschen angewiesen ist, sollte die klare direkte Verständigung mit diesen nie unterschätzen.
- **UNERLEDIGTE SACHEN**
  …ziehen einen nur runter und schauen einen vorwurfsvoll an. Daher lieber gar nicht erst aufgeben und die Dinge zu Ende bringen. Tipp: Checklisten machen angeblich glücklich.

WERNER STANGL

...ist ein österreichischer Psychologe und hat sich vor allem in der psychologischen Testentwicklung sowie der Unterrichtsforschung einen Namen gemacht. Mit seinen Arbeitsblättern (arbeitsblaetter.stangl-taller.at) und einer ausführlichen Online-Enzyklopädie (lexikon.stangl.eu) hat er von Emotion über Lerntechniken bis hin zum Schlafverhalten vieles zusammengetragen, was man über Psychologie schon immer mal wissen wollte. Selbstentwickelte Online-Tests, etwa zum Thema Stress oder Persönlichkeit, gibt es obendrein. Ein besonderes Anliegen ist ihm die Anwendung psychologischen Wissens in Schulen, Universitäten und anderen Bildungseinrichtungen (www.lerntipp.at). Einige seiner Texte und Arbeitsblätter über Motivation und Lernpsychologie bilden den Grundstein für dieses Buch.

WERNER STRANGL AUF EINEN BLICK

- Geboren am 17. November 1947 in Wien
- 1967 - 1970 Studium der Germanistik und Anglistik | Universität Wien
- 1969 - 1974 Studium der Psychologie, Pädagogik, Philosophie und Anthropologie an der Universität Wien
- 1975 Promotion (Dr. phil.) | Philosophische Fakultät der Universität Wien
- Ab 1989 Assistenz-, später Universitätsprofessor und nach Emeritierung Gastdozent am Institut für Pädagogik und Psychologie an der Sozial- und Wirtschaftswissenschaftlichen Fakultät der Johannes Kepler Universität Linz

UNTERWEGS ALS SCHRIFTSTELLER

Nicht nur in der Psychologie, auch in der Literaturszene ist Werner Stangl unterwegs. Seit 1996 ist er Herausgeber des Online-Magazins bzw. mittlerweile Weblogs SIEB.10@4711, auf dem zeitgenössische Lyrik und Prosa zu lesen sind, und seine Werke wurden in Zeitschriften wie Neue Wege oder erostepost veröffentlicht.

» Unsere Fehlschläge sind oft erfolgreicher als unsere Erfolge.

HENRY FORD

Abenteuer ALLTAG

WÄHLE DEINE CHALLENGE FÜR 1 TAG

Rollentausch

Ein Tag ohne „Nein"

Pssst, jetzt aber still!

Ich und meine Füße

Clean the World

Adieu, böse Gedanken!

Fluchen verboten

Ich schenk dir ein Lächeln

1 TAG

ROLLEN TAUSCH

EINMAL DIE ROLLEN TAUSCHEN UND FÜR EINEN TAG IN DEN SCHUHEN DES PARTNERS ODER EINES FREUNDES STECKEN.

WAS IHR TAUSCHEN KÖNNT, IST/SIND …

… typische Eigenheiten, wie zuhause barfuß laufen statt in Hausschuhen, den Musikgeschmack oder Vorlieben beim Essen.

… alltägliche Aufgaben. Dann macht Papa eben das Mittagessen und Mama mäht den Rasen.

… der routinierte Tagesablauf, vom Zeitpunkt des Aufstehens bis zum abendlichem Zähneputzen.

… Kleider, Schuhe und Co. Das bietet sich natürlich vor allem für Freundinnen an.

… Entscheidungen. Einmal die Verantwortung des Partners bzw. der/s Freundin/es übernehmen.

(Ehe-)Partner. Freunde. Du. Ich. Aber wer sind eigentlich wir und wenn ja, wie viele?

Manchmal kennt man einander schon so lange, dass man sich vor lauter Alltag aus den Augen verloren hat. Einen Tag bewusst die Rollen, Marotten, ja, das ganze Leben zu tauschen, klingt zunächst einfach. Doch: Von den Essgewohnheiten bis zu den Lieblingspantoffeln – in den Schuhen eines anderen zu stecken, ist eine echte Herausforderung und bedarf eventuell sogar einiger Vorarbeit. Einmal eine andere Identität, einmal jemand anderes sein, einmal den Kaffee eines anderen schlürfen. Bevor ihr euch dem stellen könnt, macht euch am besten viele Gedanken und Notizen darüber, was der Tausch im Einzelnen überhaupt mit sich bringt. Am Ende werdet ihr auf alle Fälle mit ganz neuen Sichtweisen aus dem fremden Schuhwerk zurückkehren, die euch vielleicht sogar in ein neues Licht und näher zueinander rücken werden.

EIN TAG OHNE NEIN

SAG „NEIN" ZUM „NEIN"!
— EINEN GANZEN TAG LANG BEWUSST NICHTS VERNEINEN UND SICH AUF MEHR EINLASSEN. —

Einfach mal das unscheinbare, ablehnende Wörtchen „Nein" aus dem Vokabular streichen und sich mal wieder genauso auf die Dinge einlassen, wie sie dir begegnen. Ganz egal, ob es die Wahl des Restaurants am Abend im Freundeskreis ist, die Nuss-Nougat-Schokolade, die dich im Supermarktregal anlacht, oder die Einladung zu einem Ausflug, die du sonst rigoros ausschlagen würdest. Manchmal tut es uns gut, einfach „Okay, warum eigentlich nicht?" zu sagen und abzuwarten, wohin unsere Entscheidungen uns treiben. Neues ausprobieren, ungeahnte Wege beschreiten und nach dem Lust-und-Laune-Prinzip in den Tag leben, lässt unsere Glücksbotenstoffe geradezu einen Freudentanz aufführen. Also, auf zu neuen Abenteuern!

NOTIERE HIER, WAS DU AN DEINEM TAG OHNE „NEIN" GEWAGT UND DIR GUTES GETAN HAST:

Das hab ich mir heute gegönnt:

Das habe ich mich heute getraut:

PSSST, JETZT ABER STILL!

24 STUNDEN KEIN WORT SPRECHEN. KLINGT EINFACH? IST ES ABER NICHT.

GEDANKEN, WÄHREND DEIN MUND PAUSIERT HAT.

NOTIERE HIER ...

TIPP
Wähle einen Tag aus, an dem du nicht zur Arbeit gehst oder wichtige Termine hast.

Woher soll ich wissen, was ich denke, bevor ich höre, was ich sage? Zugegeben nach dieser Theorie leben – und reden – viele Menschen. Und das einfache Drauflosplappern und assoziative Sprechen birgt ohne Frage große Pluspunkte. Aber Schweigen ist nun mal auch Gold und lässt in uns das Bewusstsein für Kommunikation und Sprache wieder aufleben.

Nicht telefonieren, nicht mit dem Partner sprechen (der vorzugsweise im Vorfeld eingeweiht wird) und wie zum Teufel, bestellt man schweigend seinen doppelten Espresso? Wer einen Tag wortlos durch den Alltag kommen möchte, muss sich einige Tricks einfallen lassen, um mit seiner Außenwelt zu kommunizieren. Doch es lohnt sich, denn das gesprochene Wort kann auch ablenken. Von Gedanken und Hirngespinsten, über die man sonst einfach ‚drüberredet'. Notizblock und Stift sollten also bei dieser Challenge parat liegen. Wer weiß, was in deinem Kopf los ist, wenn das Mundwerk erst mal zur Ruhe kommt.

JE STEINIGER
DER WEG, DESTO
wertvoller
DAS ZIEL.

Die Kunst ist,
einmal mehr aufzustehen, als
man umgeworfen wird.
WINSTON CHURCHILL

Ich und meine Füße

WEG MIT DEN SCHUHEN UND EINMAL EINEN TAG BARFUSS LAUFEN.

Mal wieder die Zehen spreizen, die Hornhaut strapazieren und Luft an die Füße kommen lassen. Bei den meisten von uns ist der Kauf der ersten Schuhe so lange her, dass wir uns nicht mal mehr daran erinnern können. Dabei soll Barfußlaufen geradezu förderlich für die Gesundheit sein. Denn nicht nur die Muskulatur im Fuß wird angeregt, sondern auch das Immunsystem gestärkt. Naturheilkundler Sebastian Kneipp sprach beim Schuh sogar von einer „Verkümmerungsmaschine", die den Fuß geradezu einengt.

Auch aus psychologischer Sicht ist der bare Fuß daher keinesfalls zu unterschätzen, spürt man doch erst ohne Schuhsohle die Oberfläche unserer Erde und fühlt sich – irgendwie – gleich viel verbundener mit ihr. Ganz besonders das Gefühl von Gras unter den Füßen wirkt sich gleichermaßen beruhigend wie stimulierend auf uns aus.

TIPP

An deinem allerersten schuhlosen Tag solltest du möglichst keine Wanderung planen. Geh es langsam an, wie etwa mit einem Gang in den Park.

1 TAG

CLEAN THE WORLD

UNTERWEGS MÜLL AUFSAMMELN UND DIE WELT EIN BISSCHEN SAUBERER MACHEN.

Auf dem Parkplatz das Sandwichpapier in den nächsten Mülleimer werfen oder beim feierabendlichen Spaziergang einfach mal die Getränkedose am Wegesrand aufheben. Wer die Umwelt sauber hält, tut auch sich selbst etwas Gutes. Denn zum einen können wir uns dann an einer sauberen Umgebung erfreuen, und außerdem geben gute Taten unserem Selbstbewusstsein einen ordentlichen Schub.

DARAUF KÖNNTEST DU ACHTEN:

- ✓ Halte eine kleine Tüte bereit, in der du den Müll unterwegs sammeln oder mit dem du ihn aufheben kannst.
- ✓ Schau dir deine Umgebung genauer an. Liegt Müll am Wegesrand?
- ✓ Verteile ruhig mal einen Rüffel, wenn jemand Müll absichtlich auf den Boden schmeißt.

Adieu, BÖSE GEDANKEN!

STATT GLEICH AN DAS SCHLIMMSTE ZU DENKEN, EINMAL NUR AUF DIE POSITIVEN GEDANKEN KONZENTRIEREN.

EIN PAAR GUTE GEDANKEN:

- **Juhu, Regen!** Sich über Regen ärgern, das kann ja wohl jeder. Freu dich lieber darüber, dass draußen alles gut gewässert wird. Dann machst du eben Zuhause etwas Schönes.
- **Stress im Job** …geht vorbei. Plane lieber eine schöne Freizeitaktivität oder gönn dir mal wieder eine Rückenmassage, auf die du dich freuen kannst.
- **„Schön, dass du da bist"** zu der oder dem Liebsten sagen anstatt ihm ein „Och, Schatz, hast du wieder den Müll nicht rausgebracht?" an den Kopf zu werfen. Wir haben schließlich alle gute und schlechte Eigenschaften.

„Optimisten stehen nicht im Regen, sie duschen unter einer Wolke", heißt es ja so schön. Ein heiterer Spruch der viel Wahres in sich trägt. Wer sich nur auf die negativen Dinge im Leben konzertiert, der darf sich nicht wundern, wenn die negativen Gedanken die positiven irgendwann vollends verdrängt haben. Denn, sobald diese in deinem Denkapparat einen größeren Raum einnehmen als ihnen eigentlich zusteht, wirst du das Schöne schon bald gar nicht mehr wahrnehmen. Die gute Nachricht: Optimismus ist lernbar – und oft sogar ansteckend! Wer mit dem Blick einer Frohnatur durch die Welt geht, eröffnet nicht selten auch anderen Menschen positivere Blickwinkel. Und über eingefleischte Miesmacher und Schwarzmaler sollte man ohnehin nur müde lächeln.

FLUCHEN VERBOTEN

EINEN GANZEN TAG WEDER SCHIMPFEN, NOCH FLUCHEN.

Vieles in unserem Leben liegt nicht immer in unseren Händen. Sich über Dinge zu ärgern, die man ohnehin nicht ändern kann, ist also – wenn man es recht überlegt – ziemliche Zeitverschwendung. Gemütsruhe bewahren ist da wohl der einzige logische Schritt. Zweifelsohne hat es auch eine kathartische Wirkung, wenn man wie wild mit Fluchworten um sich wirft. Dennoch steigert man sich beim Schimpfen oft schnell in etwas hinein.

Und sowieso: Wer weniger oder gar nicht über das Verhalten seiner Mitmenschen oder tägliches Weltgeschehen schimpft, dem fällt es auch leichter, mit sich selbst im Reinen zu bleiben und das Leben zu genießen. In diesem Sinne: Stay calm und carry on!

DIESE DINGE KÖNNTEST DU BLEIBEN LASSEN UND DIR STATTDESSEN SAGEN „PFF, GIBT SCHLIMMERES!“:

- **Hinterm Steuer fluchen!** Einfach mal beim Autofahren niemanden beschimpfen und stattdessen beim Lieblingslied im Radio mitpfeifen.
- **Über die lieben Kinderlein meckern!** Na gut, Kinder können einen ganz schön auf die Palme bringen. Gerade deswegen tut es gut, vom Nörgeln mal eine Auszeit zu nehmen.
- **Dem Partner keine Standpauken halten!** Der besseren Hälfte mal nicht seine bzw. ihre Unvollkommenheiten oder Fehltritte bei Haushalt und Co. vorhalten.
- **Ups, kaputt …egal!** Nicht gleich fluchen, wenn dir etwas runterfällt oder der Tisch mal einen kleinen Kratzer bekommt. Scherben bringen Glück, heißt es doch. Warum dann nicht auch Kratzer und andere zerbrochene Gegenstände?
- **Keine Schelte für Kollegen!** Bürostress, Mitarbeiterzwist oder mieses Arbeitsklima reduzieren sich oft schon, wenn du in den Mittagspausen nicht über die Arbeit motzt und Kollegen einfach mal nimmst, wie sie sind.

~~SOLLTE~~

~~KÖNNTE~~

~~WÜRDE~~

MACHEN

»Was uns als eine
schwere Prüfung erscheint,
erweist sich oft als Segen.
OSCAR WILDE

Ich schenk dir ein Lächeln

WÄHLE EINEN TAG AUS, AN DEM DU JEDEM, DER DIR BEGEGNET, HERZLICH ANLÄCHELST.

PSYCHOLOGISCHER HINTERGRUND

Lächeln macht glücklich. Basta! Ohne Wenn, ohne Aber: Lächeln macht glücklich. Und ist noch dazu hochansteckend. Denn unser Gehirn spiegelt positive Emotionen besonders stark wider, weshalb du von deinem Gegenüber in der Regel ein Lächeln zurückbekommst. Wir sollten deswegen so viel wie möglich unsere Mundwinkel zu einem Lächeln anheben und zwar unabhängig davon, ob wir wirklich einen Grund zur Freude haben oder nicht.

NICHT JEDER WIRD DEIN LÄCHELN ERWIDERN. ABER LASS DICH BLOẞ NICHT ENTMUTIGEN!

WEN KÖNNTEST DU HEUTE ANLÄCHELN

- Deinen Partner | Am besten direkt nach dem Aufstehen.
- Nachbarn | Herzlich über den Zaun hinweg grüßen.
- Den wartenden Nebenmann an der Ampel. | Ob im Auto oder als Fußgänger ist ja egal.
- Die Kassiererin | Lässt den Einkauf im Supermarkt gleich viel entspannter ausklingen.
- Kollegen | …kann man im Anschluss auch gleich fragen, ob sie Lust auf eine gemeinsame Mittagspause haben (Sofern sie zurücklächeln!).
- Mitfahrer in Bus und Bahn | Bus- oder Bahnfahren ist schließlich schon Strapaze genug.
- Passanten | In der Fußgängerzone oder in den Geschäften.

STORIES

LASS DICH INSPIRIEREN!

DIE GEBRÜDER HOEPNER reisen um die Welt

Die Zwillingsbrüder Paul und Hansen Hoepner sind Vollblutabenteurer, die auf ihren Reisen immer wieder bewiesen haben: Hartnäckigkeit lohnt sich! 2015 traten sie von ihrem Berliner Zuhause ohne Geld eine Weltreise an. Angelehnt an Jules Vernes Roman *Reise um die Erde in 80 Tagen* planten sie ihre Reise um die Welt durch 17 Länder. Ihre Route mussten sie zwar zwischenzeitlich immer wieder anpassen und waren oftmals auf die Hilfe ihrer Mitmenschen angewiesen, aber sie erreichten Berlin mit nur knapp 24 Tagen Verspätung. Chapeau!

HAPE KERKELING UND DER JAKOBSWEG

Hape, eigentlich Hans-Peter, Kerkeling ist Komiker, Entertainer, Autor, Moderator, Schauspieler, Sänger und den meisten Deutschen als Uschi Blum, Hannilein, „Hurz"-grölender Opernsänger, Horst Schlämmer oder anderen Kunstfiguren bekannt. Nach einem Hörsturz entschied er sich 2001 nach Santiago de Compostela zu pilgern. Die psychischen und physischen Strapazen seiner Reise und den inneren Wandel, den er durchlebte, hielt er in seinem Buch „Ich bin dann mal weg" fest, das sich nicht nur eine Ewigkeit auf den Bestseller-Listen hielt, sondern auch verfilmt wurde.

WÄHLE DEINE CHALLENGE FÜR 7 TAGE

Nicht Ohne meine Handy

Zeichne eine Blume!

Spieglein, Spieglein … ab in den Schrank

Iss, was du noch nie gegessen hast!

Kaffeepause

Eine Woche, zwei Outfits

Es lebe die Poesie!

Doodle-de-do

Heute back ich, morgen … auch

7 Tage, 7 Epochen

Schatz, das lieb ich an dir

Smartphone Detox

Mmh, Farbe!

Das Glück des Schenkens

Es lebe die Produktivität

I just called…

Der frühe Vogel

Liebe dich selbst!

Vorurteilsfrei

Alles Hygge, oder was?

Es war einmal …Kunst

Don't lie to me

Wer bist du denn?

Gegenteilwoche

Müllfrei

Schritt halten

Ungeschminkt

Bist du öko, oder was?

Alte Freunde

Zutat X

7 TAGE

~~NICHT~~ OHNE MEIN HANDY

WEG MIT DEM SMARTPHONE UND EINFACH MAL UNERREICHBAR SEIN.

Ah, endlich Feierabend! Erst mal hinsetzen und …oh, eine Nachricht. Und, du meine Güte, die Schlagzeilen von heute sind ja auch wieder äußerst ernüchternd. Mama wollte noch einen Rückruf und mal schauen was bei Facebook so los ist. Heutzutage können nur noch wenige problemlos auf das kleine viereckige ‚Kästchen' verzichten, dem wir so viel Aufmerksamkeit schenken – dem Smartphone. Es ist Fluch und Segen zugleich. Immer erreichbar, nie verfahren und die Möglichkeit zu jeder Zeit alles nachzuprüfen. (Vorausgesetzt der Akku ist nicht leer.)

Dabei wirkt sich die unentwegte Handy-Nutzung beträchtlich auf unsere Aufmerksamkeitsspanne und Konzentration aus. Wer immer wieder auf sein Smartphone schaut (weshalb sei mal dahingestellt), unterbricht so permanent seine eigenen Gedanken. Denn auch das Gehirn braucht mal Ruhe vor ständigen visuellen Eindrücken oder neuen Informationen, um dem Geist freien Lauf zu lassen.

WER ES NICHT WAGT

...oder wessen Leben einfach sehr vom Smartphone abhängig ist (z.B. auf Grund seiner Arbeit), muss auch nicht komplett darauf verzichten. Es hilft bereits, wenn du den Handy-Konsum zurückschraubst. Einfach jeden Tag eine Handyfreie Zeit festlegen oder – noch besser – gleich mehrere im Laufe des Tages.

ZEICHNE EINE *Blume!*

KAUFE DIR BEI DER NÄCHSTEN GELEGENHEIT EINE BLUME UND STELLE SIE ZUHAUSE IN EINE VASE, UM SIE TÄGLICH ZU ZEICHNEN.

Zeichne oder male die Blumen jeden Tag zu einer beliebigen Tageszeit. Die Zeichen- oder Maltechnik ist dir dabei selbst überlassen. Das gilt auch für das Werkzeug. Vielleicht als Bleistiftzeichnung, als Doodle mit dem Kugelschreiber oder sogar mit Pinsel und Acryl? Am Ende kannst du deine einzelnen Ergebnisse nebeneinanderhängen, um dir die Entwicklung deines Motivs vor Augen zu führen.

DARAUF KÖNNTEST DU ACHTEN:

- Wähle eine Stelle für deine Blume, wo sie den Launen des Tageslichts voll und ganz ausgesetzt ist. So kannst du mit unterschiedlichem Schatteneinfall oder Farbtönen experimentieren.
- Deine Blume wird nach einer Weile sicher einige Blüten verlieren. Räume diese nicht gleich weg, sondern lasse sie mit in deine Bilder einfließen.
- Kaufe für die Challenge nicht irgendeine Blume, sondern deine Lieblingsblume.

DER KREISLAUF DES LEBENS

...ist nicht aufzuhalten. Schöpfung, Entwicklung und Wandel gehören dazu, aber eben auch der Verfall. Bei der Blumen-Challenge nimmst du dir die Zeit, diesen Kreislauf – oder zumindest einen Teil davon – zu beobachten. Du wirst die Entwicklung sowie das langsame Verwelken der Blume jeden Tag aufs Neue dokumentieren und jedes Mal wird dir der unaufhörliche Wandel von allem, was dich umgibt, bewusst.

In unserer heutigen Gesellschaft sind wir oft betrübt darüber, dass sich etwas dem Ende zuneigt und die Entwicklung (scheinbar) zum Abschluss kommt. Aber: Nicht nur die Kostbarkeit und Einzigartigkeit jedes Moments erschließt sich dir womöglich bei dieser Challenge, sondern auch das große Ganze. Gerade ihre Vergänglichkeit ist das, was Schönheit noch unfassbarer macht. Und sowieso wird alles zu guter Letzt wieder ein Teil von etwas Neuem und der Kreislauf beginnt von vorne. Und dieser Gedanke ist doch alles andere als betrübend, oder?

Die große Herausforderung des Lebens liegt darin, die Grenzen in dir selbst zu überwinden und so weit zu gehen, wie du dir niemals hättest träumen lassen.
PAUL GAUGIN

GO,
GO,
GO!

SPIEGLEIN
...AB IN DEN SCHRANK

__ VERDECKE ALLE SPIEGEL IN DEINEM ZUHAUSE __ UND ENTDECKE DEINE INNERE SCHÖNHEIT.

Hänge zum Beispiel ein Tuch über alle Spiegel oder beklebe sie mit einem positiven aufbauenden Spruch. Wer es noch radikaler mag, der kann wahlweise natürlich auch seine Spiegel abhängen und in den Schrank stellen.

Hier ein paar mögliche Sprüche für deine Spiegel:

SPIEGLEIN
...AB IN DEN SCHRANK

Spieglein, Spieglein an der Wand. Wenn uns das Märchen Schneewittchen eines lehrt, dann doch, dass eine ~~Königin~~ Person, die sich pausenlos im Spiegel beäugt, am Ende nur noch von einer einzigen Frage getrieben (und zuletzt auch zugrunde gerichtet) wird: Bin ich die oder der Schönste im Lande? Und damit nicht genug, denn üblicherweise folgen auf Eitelkeit die von Neid getriebenen Fragen: Wer bitte ist schöner als ich? Und was haben andere, was ich nicht habe? In diesen emotionalen Strudel aus Eitelkeit und Neid sollte man sich erst gar nicht begeben, denn – mal ehrlich – die wirklich wichtigen Dinge im Leben liegen außerhalb der Spiegeloberfläche und sind oft nicht mal sichtbar. Ja, gut, der Leitsatz mag zwar abgedroschen klingen, an Wahrheit büßt er dennoch nie ein: Schönheit kommt von innen!

Es ist daher wesentlich wichtiger, welche Erlebnisse unseren Geist beflügeln und was uns unser Bauchgefühl zuflüstert, als sich täglich bloß auf unser Abbild in irgendeinem Spiegel zu reduzieren. Nicht falsch verstehen: Bei dieser Challenge geht es nicht darum, sich gehen zu lassen und in der Schlabberhose ins Büro zu gehen. Es geht darum, sein innerstes Wohlgefühl über alles zu stellen und die äußere Schönheit eine Woche lang außer Acht zu lassen. Nicht selten verfälscht der Blick in den Spiegel schließlich unseren persönlichen Geschmack.

ISS, WAS DU NOCH NIE GEGESSEN HAST!

ENTDECKE JEDEN TAG EIN NEUES LEBENSMITTEL ODER SOGAR GERICHT.

„Die Entdeckung einer neuen Speise bringt dem Menschen mehr Freude als die Entdeckung eines neuen Sterns", meinte schon der französische Philosoph und Gastrosoph Brillat-Savarin. Der Mensch neigt dazu, immer dieselben Wege zu gehen, das ihm Bekannte zu wählen und Gewohnheiten walten zu lassen. Auch in Sachen Essen geht es uns da nicht anders. Dabei hat das, was wir gerne essen, auch immensen Einfluss auf uns selbst. Die wohl bekannteste Weisheit von Brillat-Savarin lautete: „Sage mir, was du ißt, und ich sage dir, wer du bist." Wer sich damit beschäftigt, welches Essen die eigenen Geschmacksknospen anregt, wird bald schon merken, dass so viel mehr daran hängt: Kultur, Nationalität, persönliche Geschichten, Wohlbefinden, Gemüt. Ganz nach dem Gedanken: Woher zum Kuckuck soll ich wissen wer ich bin, wenn ich nicht weiß, welches Essen ich mag?

AUF ZU NEUEN KULINARISCHEN UFERN.

- **Besuche einen anderen Supermarkt** als sonst und schlendere an den Regalen vorüber. Oder probiere doch mal einen Wochenmarkt aus, von dem du schon viel gehört hast. Denn dort wo du dich nicht auskennst, bist du gewissermaßen gezwungen mit offenen Augen Unbekanntes und Neues zu erspähen.
- **Halte bei deinen Entdeckungsreisen Ausschau** nach etwas, das du noch nie gekostet hast oder das sich für ein Gericht eignet, welches du immer mal ausprobieren wolltest. Exotische Früchte oder vielleicht eine besondere Pilzsorte.
- **Probiere Produkte aus dem Ausland.** In einigen Supermärkten gibt es hierfür auf Nationalitäten abgestimmte Regale.
- **Die Würze macht's!** Auch die Gewürzabteilung hält die eine oder andere interessante, geschmackliche Bereicherung für dich bereit.
- **Nö, den Laden kenn ich schon!** Wechsle doch mal deine Lieblingsbäckerei oder dein Stammrestaurant.

Kaffeepause

BYE-BYE, KOFFEIN! EINE WOCHE OHNE DAS BELIEBTESTE GENUSSMITTEL DER WELT.

ACHTUNG!
Wer bei dieser Challenge komplett auf Koffein verzichten will, der muss auch Energy Drinks, diverse Teesorten oder süße Getränke, wie Coca Cola oder Ginger Ale, aus seinem Küchenschrank verbannen. Diese enthalten ebenfalls Koffein.

Kein Kaffee ist ja (eigentlich) auch keine Lösung. Das würden zumindest die Konsumenten der 2,25 Millionen Becher Kaffee so unterschreiben, die angeblich täglich weltweit geschlürft werden. Einigen Vollblutgenießern des schwarzen Goldes wird es daher sicher schwer fallen, auf ihren morgendlichen Muntermacher, Kumpan Kaffee, zu verzichten. Die meisten von uns können sich bestimmt nicht mal mehr daran erinnern, eine längere Zeit ohne Koffein gelebt zu haben. Dabei berichten viele, die dem Kaffee abgeschworen haben, von einem ruhigeren Schlafverhalten, weniger Nervosität bis hin zu einem besseren Allgemeinbefinden. Grund genug, um unseren Körper mal auf Entzug zu setzen und herauszufinden: Funktioniert es auch ohne Kaffee und Co.?

5
5
6
6
2
2
7
4
2
2
4
4
6
2
3
2
4
2
3
1
1
1
2
1
1

EINE WOCHE ZWEI OUTFITS

LEGE ZWEI OUTFITS FEST, DIE DU FÜR EINE WOCHE ABWECHSELND TRÄGST.

Dein Schrank ist randvoll mit Klamotten, aber – Hand aufs Herz – wie viele Teile schwirren darin herum, die du noch nie oder nur wenige Male getragen hast? Kleider machen Leute. An dieser Aussage will hier niemand rütteln. Aber der maßlose Textilkonsum ist in unserer Gesellschaft nichts Neues und verleitet uns in Anbetracht dessen, unter welchen Bedingungen Kleider oft hergestellt werden, zum Grübeln. Diese Challenge zeigt dir, dass es auch anders geht und dass eine endlose Auswahl von Kleidungsstücken den Alltag nicht zwangsläufig bereichert.

Großes Plus bei dieser Challenge: Du sparst Zeit! Der ein oder andere ist in der Vergangenheit sicher morgens schon mal an der Kleidungsfrage verzweifelt. Mit dem Zwei-Outfit-Prinzip startest du entspannt in den Tag und wirst plötzlich viel Zeit haben, um in Ruhe einen Tee zu trinken oder sogar mal wieder die Zeitung zu lesen.

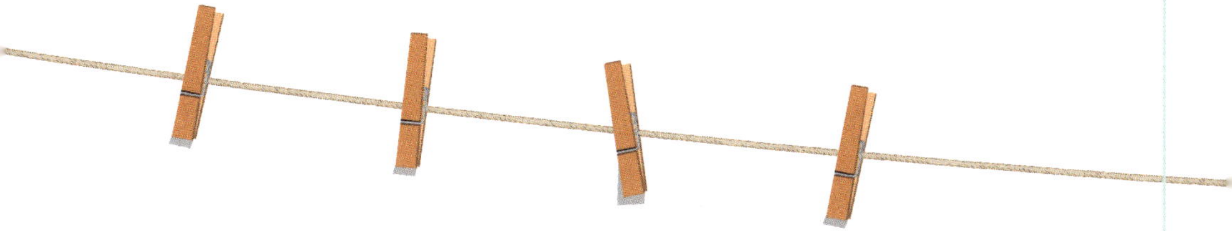

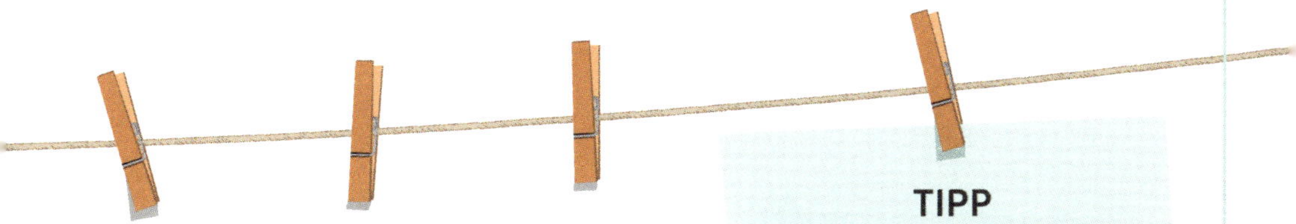

TIPP

Prüfe zuvor, was die Wettervorhersage verspricht. Achte auch auf deinen Terminkalender. Gibt's was zu feiern? Hast du ein wichtiges Geschäftstreffen? Deine Termine solltest du unbedingt in deiner Kleiderwahl berücksichtigen.

Hänge jeden Tag ein Kleidungstück an die Leine.

ES LEBE DIE *Poesie!*

ÜBERLEGE DIR JEDEN TAG EIN THEMA, ZU DEM DU EIN KURZES GEDICHT SCHREIBST.

Keine Ideen? Dann versuch es doch mit einem von diesen Themen:

- Liebe
- Natur
- Freundschaft
- Familie
- Glaube
- Essen
- Dein Lieblingshobby oder -tier

…und alles, was dich im Alltag bewegt, ermuntert oder zum Nachdenken gebracht hat.

„Ein entsetzlicher Gedanke für den Dichter: Sind die wahren Dichter heute Computerspiel-Designer?", fragte sich schon der deutsche Lyriker und Satiriker Wolfgang J. Reus. Und in der Tat ist vielen von uns die Poesie nur noch aus Schulzeiten bekannt und für die meisten ein Relikt einer veralteten Literaturschule.

Dabei führt das eigenständige Verfassen von Gedichten, dank der Kürze des Textes, im Nu zum Erfolgserlebnis. Ein Gefühl oder eine Meinung in Worte zu fassen, schenkt seinem Verfasser eine ungemeine Befriedigung. Zugegeben, je kürzer der Text bzw. je weniger Worte man benutzen kann, um etwas zum Ausdruck zu bringen, desto größer die Herausforderung. Auch bei professionellen Autoren gelten Gedichte als die Königsdisziplin unter den Textformen.

TIPP

Versuche bei dieser Challenge nicht, das perfekte Gedicht zu schreiben. Schreibe die Worte einfach auf, wie sie dir gerade in den Sinn kommen.

Schreibe hier am Ende der Woche einige deiner verfassten Verse auf.

Doodle-de-do

NIMM DIR TÄGLICH ZEIT, UM EIN KLEINES DOODLE ANZUFERTIGEN. GANZ EGAL WAS UND ZU WELCHEM THEMA. WIRF DEN PERFEKTIONISMUS ÜBER BORD UND DOODEL EINFACH DRAUFLOS.

Was ist Doodle?

Als Doodle bezeichnet man Kritzeleien, die während des Verrichtens einer anderen Tätigkeit, wie etwa beim Telefonieren, nebenher und oft in Gedanken gezeichnet werden. Diese können z.B. geometrische Figuren, kleine Männchen oder ähnliches sein.

Durch die Konzentration auf das Zeichnen und das Wiederholen von einfachen Mustern oder Figuren entspannt sich dein Geist. Alltägliches wird für einen Augenblick ausgeblendet und alles, was zählt, ist die Stiftspitze, die drauf los kritzelt. Und: Assoziatives Zeichnen ist eine kreative Möglichkeit, Verborgenes zu Papier zu bringen. Wer weiß, welche Doodles du erstellst, während du in Gedanken bist.

Figuren und Formen, die du mal ausprobieren könntest:

1. Frühstück (Croissant oder Müsli)
2. das Wetter (Sonne oder Wolke)
3. Verkehrsmittel, mit welchem du zur Arbeit fährst
4. Lieblingskleidungsstück
5. Häschen, Vögel und Co.
6. Muster und Schnörkel
7. Gegenstände, die du bei deinen Hobbys brauchst (z.B. Tennisschläger)
8. Inhalt deiner Hand- oder Hosentasche
9. Pflanzen oder Blumen
10. Einhorn, Elfen und Fantastisches

Heute back ich, MORGEN ... AUCH

EINE WOCHE BACKEN WAS DAS ZEUG HÄLT.
WÄHLE SIEBEN REZEPTE,
DIE DIR DAS LEBEN VERSÜßEN (ODER WÜRZEN).

DAS KÖNNTEST DU BACKEN:

1 Brötchen
2 Rührkuchen
3 Blechkuchen
4 Muffins
5 Brot
6 Schnecken/Rollkuchen
7 Kekse
8 Croissants
9 Cupckaes
10 Cake pops

Die Backbücher auf dem Küchenregal stapeln sich mittlerweile bis unter die Zimmerdecke. Vielleicht hängen auch ausgedruckte Rezepte zwischen den Seiten heraus, die du in den Weiten der Internetportale gefunden hast. Hin und wieder nimmt man sogar mal eines der Bücher in die Hand und blättert sich durch die Abbildungen von köstlichen Sahnetorten, Cookies und Blaubeermuffins. Dabei liegt der beste Grund, warum man mal wieder den Rührlöffel schwingen sollte, so nah: Backen macht glücklich! Das Abmessen von Zutaten hat geradezu eine beruhigende Wirkung. Ganz zu schweigen von der Leckerei, die man später vernaschen kann – vorzugsweise mit Freunden oder der Familie.

RANDNOTIZ: Backen muss man nicht immer im Alleingang. Gemeinsames Backen stärkt das Gemeinschaftsgefühl und fördert die Kommunikation. Statt in einem Café triffst du dich das nächste Mal einfach mit deinen Freunden in deiner heimischen Backküche.

7 Tage, Epochen

Ob du dir ein Buch kaufst oder dir entsprechende Informationen auf wissenschaftlichen Internetforen suchst, bei dieser Challenge geht es darum, dir Wissen anzueignen und dich in Momenten wiederzufinden, in denen du denkst: „Potzblitz, das wusste ich ja gar nicht!“

Wie haben die Menschen in der Antike gelebt? Wie wurde während der Renaissance in Frankreich Politik gemacht? Welche literarischen Bewegungen gab es während der Aufklärung? Wer sich Allgemeinwissen anreichert, gewinnt nicht nur an Gesprächsthemen, sondern auch an Selbstbewusstsein. Beschäftigt man sich mit den Ereignissen der Vergangenheit, muss man außerdem feststellen, dass sich die Geschichte und die Handlungsweisen der Menschen in ihren Grundmustern oftmals wiederholen. „Früher war alles besser?“ Ein Satz den man ja gelegentlich hört, wird dabei schnell widerlegt.

Lies etwas zu diesen Epochen:

1 ☐
Antike

2 ☐
Mittelalter

3 ☐
Renaissance

4 ☐
Barock

5 ☐
Aufklärung

6 ☐
Weimarer Republik

7 ☐
Nationalsozialismus

THINK LESS.
Do more.

» In jeder Schwierigkeit
lebt die Möglichkeit.

ALBERT EINSTEIN

SCHATZ
das liebe ich
an dir

Dem Partner jeden Tag mitteilen, was man an ihm liebt.

Ein Grübchen, kleine Quietscher beim Lachen oder das Schnarchen in der Nacht. Oft sind es ja gerade die kleinen Macken, die man in einer Beziehung schätzt oder von denen nur die bessere Hälfte weiß. Es gibt nicht DEN einen Grund. Es sind eher viele unscheinbare Dinge, die man an seinem Partner liebt, und man weiß es wohl von sich selbst am besten: Es ist schön, diese ab und zu gesagt zu bekommen! Im selben Atemzug ist es außerdem wunderbar, diese seinem Partner noch einmal zu sagen und sich in Erinnerung zu rufen, weshalb man überhaupt zusammen ist.

E-MAIL FÜR DICH! ODER LIEBER EIN POST-IT?

Lass deinen Ideen bei der Übermittlung deiner Nachrichten ruhig freien Lauf. Keine Sorge, es muss keine Brieftaube sein, um die gewünschte Reaktion deines Partners zu erhalten. Probiere einfach jeden Tag eine andere Methode aus. Allen voran steht natürlich das gesprochene Wort. Doch auch eine gut formulierte E-Mail kann entzücken, ein Post-it am Badezimmerspiegel oder ein Brief, der gegen einen Blumenstrauß lehnt.

1 2 3 4 5 6 7

SMARTPHONE DETOX

GROSSPUTZ FÜRS HANDY: BEFREIE DEIN SMARTPHONE VON ALTLASTEN UND SCHAFFE WIEDER ORDNUNG …UND SPEICHERPLATZ!

Das Smartphone – handlich, glänzend und Hüter von (nahezu) grenzenlosen Daten über unser Leben. Den Alltag ohne Handy kann sich heute kaum einer mehr vorstellen. Immer wieder werden technische Funktionen auf menschliche Verhaltensmuster abgestimmt und optimiert, um sie noch verständnisvoller und benutzerfreundlicher zu machen. Smartphones sind gewissermaßen ein digitaler Spiegel ihrer Besitzer. Geradezu seltsam erscheint es daher, dass die meisten von uns keine Ordnung auf diesem Ach-so-wichtigen Gerät halten. Dabei ist das Aufräumen von Daten ebenso befreiend wie das Ausmisten von Kleiderschränken: Wo Raum geschaffen wird, ist Platz für Neues. In Bezug auf unser Smartphone bedeutet das: Platz für neue Bilder von Erlebnissen oder vielleicht auch neue Kontakte.

DER PUTZPLAN

Montag

Den Apps an den Kragen! Sieh deine Apps durch und deinstalliere, was du für unnötig erachtest. Wenn du eine App seit sechs Monaten oder länger nicht mehr genutzt hast: Weg damit! Außerdem kannst du deine Apps bündeln und in Ordnern sortieren.

Dienstag

Bestelle unnötige Newsletter in deinem E-Mail-Postfach ab.

Mittwoch

Sichte alle deine Kontakte und lösche bei Bedarf veraltete Nummern.

Donnerstag

Tritt aus stillgelegten WhatsApp-Gruppen aus oder lösche sie, falls du Gruppenadministrator sein solltest.

Freitag

Speichere (Endlich!) alle deine Fotos auf dem PC und sortiere sie.

Samstag

Räume auch bei deinen Social-Media-Kanälen auf. Das Leben von Personen, die dich keinen Funken interessieren oder von denen du nicht mal mehr weißt, wer sie überhaupt sind, brauchst du nun wirklich nicht zu verfolgen.

Sonntag

Beende den News-Terror und deaktiviere deine Push-Up-Benachrichtigungen.

MMH, Farbe!

ISS JEDEN TAG SO VIEL WIE MÖGLICH IN DEINER LIEBLINGSFARBE.

Farben machen froh. Oder? Die Farbpsychologie beschäftigt sich schon seit Langem mit der emotionalen Wirkung von Farben auf den Menschen. Zweifelsohne regen Farben unsere Sinne an und steigern angeblich auch die Kreativität. Grund genug um bei dieser Challenge ein bisschen Farbenpracht auf den Teller zu bringen und herauszufinden, wie Farben unser Gemüt beeinflussen.

DER BUNTE SPEISEPLAN

Du musst nicht nur bei einer Farbe für die ganze Woche bleiben. Wahlweise kannst du auch jeden Tag zu einer anderen Farbe wechseln. Die Hauptsache ist, dass dich die gewählte Farbe durch alle Mahlzeiten begleitet. Diese Lebensmittel eignen sich für deine farbenfrohe Woche:

ROT: Erdbeeren, Melone, Tomaten, Apfel, Paprika, Chilli, Radieschen

GRÜN: Avocado, grüne Paprika, Schnittlauch, Bohnen, Granny Smith-Apfel, Birne, Rosenkohl

BLAU: Heidelbeeren, Gummi-Schlümpfe, Pflaume, blaue Schokolinsen, Trauben, Blaukraut, Blauschimmelkäse

GELB: Bananen, Honigmelone, Pommes, Nudeln, Ananas, Zitrone, Mais

PINK: Grapefruit, Himbeeren, Litchi, Donut, Marshmallow, Erdbeermilchshake, Drachenfrucht

1 2 3 4 5 6 7

DAS GLÜCK DES *Schenkens*

MACHE JEDEN TAG EINER PERSON EIN KLEINES GESCHENK.

Andere Menschen zu beschenken und zum Lachen zu bringen, macht glücklich. Dabei müssen es nicht einmal große oder gar teure Geschenke sein. Es ist viel mehr die Geste des Schenkens und der Überraschungseffekt, die unsere Mitmenschen bereits so freudig stimmen: Der Kollegin eine Tafel der Lieblingsschokolade mitbringen, den Partner mit Blumen überraschen, der Mama ein schönes Foto ausdrucken und rahmen oder dem Nachbarn ein Glas vom selbstgemachten Chutney schenken. Bei dieser Challenge wirst du schnell merken: Es macht süchtig, andere glücklich zu sehen.

Coloriere für jedes überreichte
Geschenk eines auf dieser Seite.

ES LEBE DIE PRODUKTIVITÄT

STEIGERE DEINE PRODUKTIVITÄT UND ARBEITE ERGIEBIGER! EIN PAAR EINFACHE TRICKS GENÜGEN SCHON.

Manchmal stehen wir uns selbst im Weg. Zeitfresser wie Smartphone, Social Media und Co. machen uns das Leben im Büro schwer oder halten uns davon ab, To-Do-Listen einzuhalten. Auf Dauer führt das zu Frustration, weil wir unsere Aufgaben nie zu Ende bringen oder sie sich ewig hinziehen. Halte dich eine Woche lang an diese Tipps und verbessere dadurch – eventuell sogar langfristig – deine Arbeitsweise:

Montag ☐

Beobachte deine Aktivitäten und notiere dir, wie viel Zeit jede von ihnen beansprucht. Welche benötigen entschieden zu viel Zeit?

Dienstag ☐

Überlege dir die wichtigste Aufgabe für den Tag, welche du auf jeden Fall erledigen willst.

Mittwoch ☐

Wähle eine Gewohnheit, die du schon immer einmal ändern wolltest, und fange heute mit der Veränderung an.

Donnerstag ☐

Checke maximal zwei Mal deine Nachrichten im E-Mail-Postfach sowie auf Facebook und Co. Kein Mal mehr! Selbst, wenn es dir in den Fingern kribbelt.

Freitag ☐

Plane eine Ruhezeit mitten am Tag ein, während der du ohne Ablenkung für dich bist.

Samstag ☐

Lasse deine Woche Revue passieren und notiere dir deine größten Zeitfresser. Versuche diese zukünftig zu vermeiden.

Sonntag ☐

Frage jemanden, zu dem du aufschaust, nach seinen persönlichen Produktivitätstipps.

TIPP

To-Do-Listen sind echte Produktivitätswunder. Du wirst sehen: Häkchen an Erledigtes setzen macht geradezu süchtig. Liste nicht nur dringende To-Dos auf, sondern auch kleine Dinge, wie Wäsche waschen.

I JUST CALLED ...

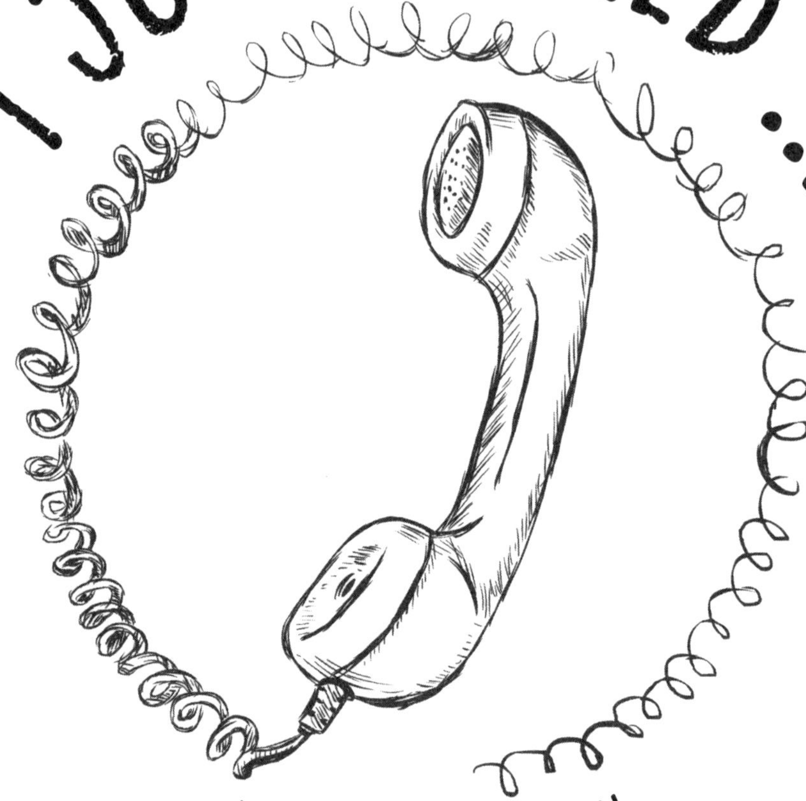

HÖRER IN DIE HAND NEHMEN
(ODER WAHLWEISE SMARTPHONE ANS OHR)
UND JEMANDEN ANRUFEN. EINFACH SO.

In Zeiten von WhatsApp, Email und Co. ist das getippte Wort bei den meisten Menschen beliebter als das gesprochene. Immer seltener greifen wir zum Hörer. Dabei ist es doch viel schöner, wenn man mit jemandem direkt spricht und dessen Stimme hört. Vor allem, wenn diese Person weit weg wohnt oder man lange nicht mehr miteinander gesprochen hat. Ein gutes Gespräch, bei dem man gemeinsam lacht, sich erinnert oder welches sogar unerwartete Wendungen nimmt, führt man eben immer noch lieber ohne eine Tastatur.

CHECKLISTE

RUF JEMANDEN AN, ...

MONTAG
... dem du eigentlich eine E-Mail oder WhatsApp-Nachricht schicken wolltest.

DIENSTAG
... mit dem du zur Schule gegangen bist.

MITTWOCH
... der mit dir verwandt ist.

DONNERSTAG
... dessen Stimme du einfach mal wieder hören möchtest (Und sag ihm das auch!).

FREITAG
... mit dem du noch nie telefoniert hast.

SAMSTAG
... von dem du schon seit über einem Jahr nichts mehr gehört hast.

SONNTAG
... mit dem du länger als eine Stunde quatschen kannst.

DER FRÜHE VOGEL

STEH EINE WOCHE LANG JEDEN TAG EIN BISSCHEN FRÜHER AUF ALS GEWÖHNLICH. GÄHNEN ERLAUBT!

Morgenstund hat Gold im Mund. In dieser Weisheit steckt mehr Wahrheit als sich viele Langschläfer vermutlich eingestehen wollen. In der Regel benötigt der Körper einige Wochen, um sich an einen neuen Schlafrhythmus zu gewöhnen. Wundere dich also nicht, wenn du dich bei dieser Challenge in der ersten Zeit mit etwas Kaffee wach halten musst.

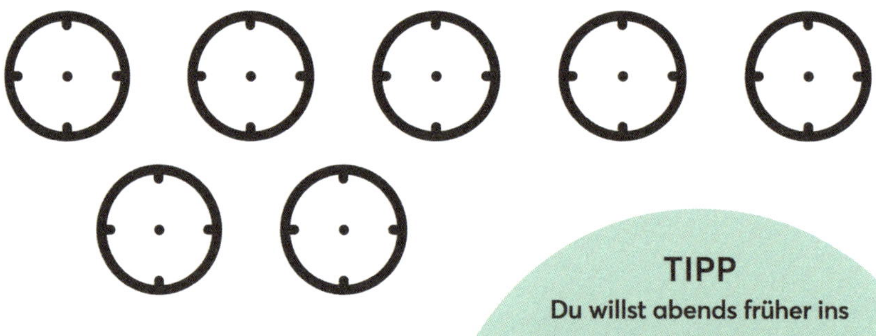

Trage für jeden Tag deine Aufstehzeit ein.

TIPP

Du willst abends früher ins Bett gehen? Dann kannst du in diese Uhren deine Zu-Bett-Geh-Zeit eintragen und dich bemühen, diese jeden Abend ein wenig vorzuziehen.

MIT DIESEN TIPPS FÄLLT DIR DAS AUFSTEHEN MORGENS LEICHTER:

- MORGENRITUAL Wer weiß, was morgens auf ihn zukommt, kommt besser aus den Federn. Halte dir daher schon einen fixen Ablauf vor Augen.
- ES WERDE LICHT Lass die Jalousien mal oben und dich von natürlichem Licht wecken. Vor allem wenn die Sonne scheint, ist die gute Laune vorprogrammiert.
- KRACHMACHER Vogelgezwitscher, aber auch Straßenlärm. Es muss nicht immer ein Wecker sein, der dich wachrüttelt. Mach dein Fenster also ruhig mal auf und lass die Geräusche deiner Umwelt den Rest erledigen.
- WECKER, WO BIST DU? Wer am Morgen nicht auf seinen Wecker verzichten kann, sollte ihn außer Reichweite aufstellen. So ist man gezwungen aufzustehen, um das penetrante Signal auszuschalten.
- BUSSGELD Stell dir ein Sparschwein auf, in das du Bußgeld wirfst, für den Fall, dass du wieder mal zu lang im Bett rumgelümmelt hast.
- BELOHNUNG Gönn dir was, wenn du deinen Vorsatz umgesetzt hast. Am besten noch am selben Morgen. Vielleicht belohnst du dich mit einem leckeren Schoko-Croissant?
- JA, ICH WILL ...aufstehen! Manchmal sind die Dinge einfach nur Kopfsache. Überlege dir also vorher gut, welche Vorteile du aus dem frühen Aufstehen ziehen kannst.
- WAS DU ABENDS KANNST BESORGEN Den Frühstückstisch decken, dein Outfit rauslegen oder die Tasche packen. Erledige Wichtiges bereits am Abend, dann hast du am Morgen mehr Zeit.
- VERABREDE DICH Wer sich zu früher Stunde verabredet, z.B. zum Joggen oder einem frühen Kaffee, kommt leichter aus dem Bett.

Liebe dich selbst!

DENKE EINE WOCHE GANZ BEWUSST NUR AN DICH.

Es klingt zwar ein bisschen Ich-fixiert, aber: Du bist der wichtigste Mensch in deinem Leben. Schließlich bist du es, der mit dir dein ganzes Leben lang auskommen muss und dir jeden Tag im Spiegel entgegenblickt. Selbst, wer Kinder hat, weiß, dass das Konstrukt Familie nur funktionieren kann, wenn die Eltern regelmäßig auch mal nur an sich denken dürfen, um Kraft zu tanken. Höchste Zeit also, dir etwas Gutes zu tun und deine Bedürfnisse eine ganze Woche vor alles andere zu stellen. Lass den vielen Gedanken in deinem Kopf, die oft vom Alltagstohuwabohu übertönt werden, mal wieder freies Spiel.

DEINE WOCHE MIT DIR:

Montag
Trage dein liebstes Wohlfühl-Outfit, das dir den ganzen Tag ein wunderbares Gefühl verleiht.

Dienstag
Schreibe mindestens 50 positive (!) Adjektive auf, die dich beschreiben.

Mittwoch
Verbringe Zeit mit einem Menschen, der dir ein rundum gutes Gefühl gibt. Lachen nicht vergessen!

Donnerstag
Notiere mindestens 10 Dinge, die dich glücklich machen. Auch – oder erst recht – die kleinen Dinge zählen.

Freitag
Mache einen langen Spaziergang von zirka einer Stunde – ohne Musik und ohne Begleitung. Nur du und die Natur.

Samstag
Trau dich etwas, das du schon immer einmal machen wolltest. Falls du eine größere Aktivität planst, organisiere diese am besten im Voraus.

Sonntag
Plane in deinem Kalender jede Woche ein Zeitfenster für eine Verabredung mit dir selbst ein. Diese Zeit ist nur für dich. Vielleicht triffst du dich ja mit dir in dem netten Café um die Ecke?

Vorurteils-FREI

KEIN NÖRGELN ÜBER ANDERE, KEINE VORGENOMMENEN BESCHWERDEN. BLEIB EINE WOCHE VORURTEILSFREI.

SO GEHT'S:

1) Wähle ein Armband, das du nun täglich trägst. Vorzugsweise sollte dieses einfach aus- und anzuziehen sein, z.B. ein einfaches Band aus Gummi.

2) Ziehe das Armand jedes Mal von einem Handgelenk auf das andere, sobald du merkst, dass du jemanden verurteilst.

3) Zähle, wie oft du am Tag das Armband wechseln musst.

4) Trage die Zahl am Ende des Tages in die hier abgebildete Liste ein. Versuche jeden Tag deine Anzahl an Vorurteilen gegen Null zu reduzieren.

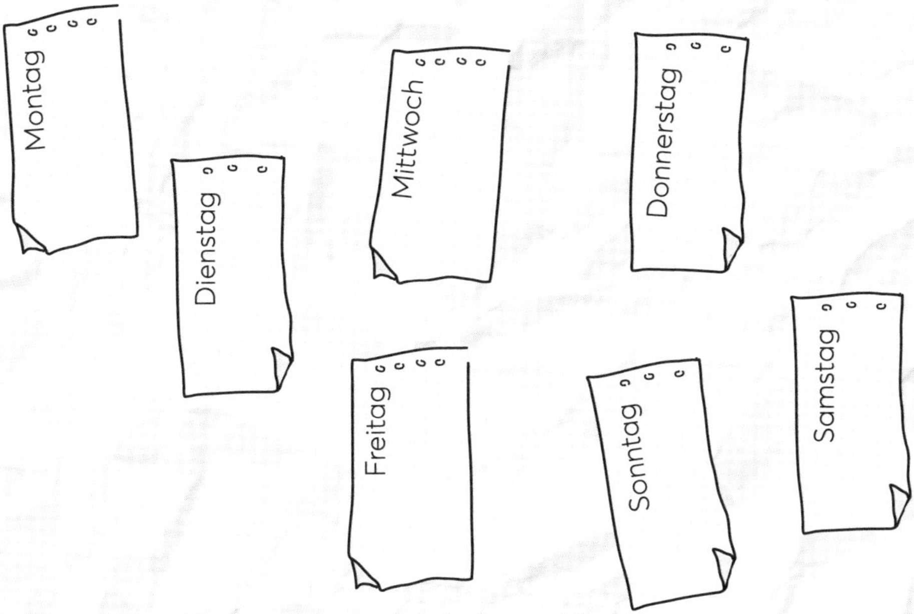

Meckern baut Stress ab. Und lieber raus, als rein, wie es so schön heißt, oder stimmt das etwa nicht? Dieser Frage hat sich Pastor Will Bowen im US-amerikanischen Christchurch in Kansas in seinem Buch „*Einwandfrei*" gewidmet und kam zu dem Schluss: Weder wird Stress abgebaut, noch ist das eigentliche Problem nach dem Meckern verschwunden. Wer meckert, fährt eher Gefahr sich in einem Kreislauf des Nörgelns wiederzufinden und seinen Stresshormonspiegel immer weiter in die Höhe zu treiben. Resultat: Kontinuierlich schlechte Laune. Von dem Zeitaufwand, den die Vorurteile und Beschwerden benötigen, ganz zu schweigen. Insbesondere das Beklagen über unsere Mitmenschen nimmt Zeit in Anspruch, die wir auch mit anderen, positiveren Gedanken oder Taten füllen könnten. Diese Challenge ist eine wunderbare Möglichkeit herauszufinden: Wie oft verurteilen wir andere und verfallen dabei dem Sog der Nörgelei?

»Niemand weiß, wie weit seine Kräfte gehen, bis er sie versucht hat.

JOHANN WOLFGANG VON GOETHE

Wünsche
ÄNDERN NICHTS.
EIN Entschluss
HINGEGEN ALLES.

Alles HYGGE oder was?

SIND WIR NICHT ALLE EIN BISSCHEN HYGGE? WER LUST AUF DIE DÄNISCHE GLÜCKSPHILOSOPHIE HAT, PROBIERT ES AM BESTEN GLEICH AUS UND VERLEBT EINE HYGGELIGE WOCHE.

Das Miteinander feiern, Selbstgemachtes genießen und das Gefühl von heimischer Geborgenheit: Das und mehr kann Hygge sein. Aber was genau steckt hinter dem Begriff?

WAS IST HYGGE?

Der dänische Begriff Hygge beschreibt die Gemütlichkeit als Lebensprinzip, wie sie in der dänischen Kultur geradezu verankert ist. Es kann sowohl als Verb sowie als Substantiv genutzt werden und hat mittlerweile auch im Duden seinen eigenen Eintrag. Seinen Ursprung hat das Wort Hygge im Norwegen des 16. Jahrhunderts und bedeutet so viel wie „Wohlbefinden". Ob das Zusammensein mit Freunden, ein heimeliges Haus oder beim kuscheligen Lesen eines Buches, das alles kann Hygge sein. Es ist das Gefühl von Geborgenheit, Heimeligkeit, Behaglichkeit, aber auch das Spenden von Trost.

EINE HYGGELIGE WOCHE

Montag: Dekoriere dein Haus – natürlich Hygge-Style!

Was das heißt? Kurz: Gemütlichkeit steht an erster Stelle. Leichte helle Farben, sanftes warmes Licht und gaaanz viel Holz. Plastik ist tabu! Sorge mit Kerzen und Lichterketten für eine schummrige Atmosphäre. Beim Dekorieren kannst du auf natürliche Materialien wie Äste, Moose, Steine und Zapfen setzen. Außerdem kann es nie genug Kissen und Decken geben. Polstere mit ihnen deine Räume aus bis es kuscheliger nicht mehr werden kann. Auch eine bequeme Lesenische oder ein Platz am Fenster sollte nie fehlen.

Dienstag: Kaufe frische Blumen!

Geh auf den Markt, in einen Blumenladen oder – noch besser – in die freie Natur und stelle dir einen bunten Blumenstrauß zusammen. Alles, was blüht, ist erlaubt, aber natürlich passen am besten Wildblumen zum ungezwungenen Lebensgefühl.

Mittwoch: Kochen ...und genießen!

Bei Hygge muss es nichts Aufwendiges sein. Hauptsache, es schmeckt, und das tut es bekanntlich am besten selbst zubereitet Selbst gebackenes Brot, knackige Salate, eine Käseplatte, dazu ein Glas Wein oder eine leckere Limonade – und dann Smartphone und Fernseher ausschalten und genießen. Das ist Essen für die Seele! Zum Nachtisch dürfen natürlich die typisch dänischen Zimtschnecken nicht fehlen.

Donnerstag: Sei kreativ!

Hygge, das bedeutet vor allem: Handgemacht! Erschaffe etwas mit deinen eigenen Händen, sei es eine Häkeldecke, ein selbst gestrickter Schal, ein Blech saftiger Schokoladenkekse oder etwas zum Dekorieren aus Beton. Mache das, wonach dir der Sinn steht und lasse deine Gedanken schweifen.

Freitag: Veranstalte einen Abend mit Freunden!

Natürlich gehören auch Freunde und Familie zu Hygge, denn der Kern von Hygge ist das Zusammensein. Lade deine Lieblingsmenschen zu dir nach Hause ein. Egal, ob Spieleabend, gemeinsames Kochen, lange Filmnacht oder einfach nur ein Beisammensein mit Zeit für ausgiebige Gespräche – genießt einen urgemütlichen Abend zusammen.

Samstag: Ein langer Spaziergang in der Natur!

Egal, bei welchem Wetter: Ab nach draußen und die Natur in all ihren Facetten wahrnehmen. Ist es sommerlich warm, dann kannst du so richtig die Sonne genießen. Bei Schnee- oder Regenwetter packst du dich einfach gut ein und lässt dir den Wind um die Nase wehen.

Sonntag: Mach dir einen hyggeligen Tag!

Bleib den ganzen Tag im Schlafanzug oder zieh dir etwas an, worin du dich wohlfühlst. Du musst dich nicht schminken und nicht stylen. Zünde zu Hause Kerzen an, setze dich an deinen Lieblingsplatz und schlürfe einen heißen Kakao oder einen wohltuenden Tee. Dazu noch ein gutes Buch, eine Lieblingsserie oder vielleicht sogar eine kreative Aktivität und du wirst eine hyggelige Zeit haben.

Es war einmal ... KUNST

Lies jeden Tag etwas über zwei Kunstepochen und bessere dein Allgemeinwissen auf.

So geht's: Recherchiere täglich über die hier aufgelisteten Epochen und mache dich dabei über folgende Punkte schlau: Den historischen Hintergrund der Epoche, ihre wichtigsten Vertreter (in der Malerei, Literatur und Architektur) und ihr Leitgedanke.

Van Goghs Sternennacht, Da Vincis Mona Lisa oder Monets Seerosenbilder. Manche Gemälde kennt beinahe jeder. Sie begegnen uns in Film und Fernsehen, in Zeitschriften oder in der Musik. Nicht selten wird Kunst als Spiegelbild der Geschichte bezeichnet. Indem du dich mit einer Epoche und deren Kunst auseinandersetzt, wird sich auch dein Blick auf die Welt wandeln. Wer sein Verständnis für Kunstgeschichte schärft, lernt eventuell noch viel über sich selbst. Welche Motive oder Themen sprechen dich bei einem Kunstwerk an? Und mit welchen epochalen Leitmotiven kannst du dich am ehesten identifizieren?

Lies etwas zu diesen Epochen:

1
Romanik und Gotik

2
Renaissance und Barock

3
Rokoko und Klassizismus

4
Romantik und Realismus

5
Impressionismus und Expressionismus

6
Futurismus und Dadaismus

7
Surrealismus und Postmoderne

DON'T LIE TO ME

EINE WOCHE LANG NICHT LÜGEN? NICHT MAL EINE NOTLÜGE? NEIN!

SO GEHT'S: Versuche soweit es geht das Lügen zu vermeiden. Notiere dir am Ende eines jeden Tages, wie oft du das Bedürfnis hattest, die Unwahrheit zu sagen – vom kleinen Flunkern bis zur ganz großen Lebenslüge.

Sollte die Situation heikel werden und man ist gezwungen zu flunkern, einfach die Aussage verweigern oder schwammig werden.

Hand aufs Herz: Wer hat schon mal gelogen? Eine kleine Notlüge hier und da, tut doch keinem weh. Statistisch gesehen sagen wir etwa 200 Mal am Tag nicht die Wahrheit, aber: Geht das nicht auch anders? Sicherlich. Schließlich ist Lügen unmoralisch und manipulativ. Jedoch pflegen Flunkereien auch den sozialen Zusammenhalt, denn ohne Schwindeln würden wir vermutlich viele Menschen mit der unangenehmen Wahrheit vor den Kopf stoßen. Eine andere Hausnummer sind da natürlich schwere Lügen wie Betrug oder Liebesaffären. Ein Abwägen zwischen Nutzen und Schaden der Lüge sollte daher immer bedacht werden.

Am Ende geht es bei dieser Challenge aber nicht darum, im Leben komplett aufs Lügen zu verzichten. Es geht eher darum, sich darüber bewusst zu werden, wie oft man im Alltag die Lüge für seine Zwecke nutzt und ob es gelegentlich nicht auch mal ein bisschen Ehrlichkeit sein darf.

Na? Wie oft wolltest du diese Woche lügen?
Notier hier .

MONTAG

DIENSTAG

MITTWOCH

DONNERSTAG

FREITAG

SAMSTAG

SONNTAG

Wer bist du denn?

Sprich jeden Tag einen fremden Menschen an und lass dich von jeder Begegnung bereichern.

Einfach so mit einem fremden Menschen zu sprechen, ist wie Fallschirmspringen: Zuerst hat man Angst, aber hat man diese überwunden, freut mach sich darüber, dass man mutig genug war, es zu wagen. Wer sich nicht so recht traut, darf nie aus den Augen verlieren: Begegnungen aller Art können dein Leben verändern. Man kann nie wissen, wer einem gegenüber steht und zu welchen interessanten Erkenntnissen dich euer Treffen führt. Es lohnt sich also zum sozialen Fallschirmspringer zu werden. Zudem: Was hast du zu verlieren?

TIPP

Wenn eine fremde Person doch einmal hochnäsig oder abweisend auf deine Ansprache reagiert, so soll dich das nicht weiter kratzen. Nicht jeder Mensch ist redselig. Mach dir nix draus.

DEINE KOMMUNIKATIVE WOCHE

SPRICH EINE PERSON AN, …

… die dir im Alltag immer wieder begegnet, und frage sie, was sie so macht.

… die so aussieht, als würde sie sich über ein nettes Gespräch freuen oder gar einsam wirkt.

… die etwas bei sich trägt, das dir besonders gefällt (Kleidungstück, Accessoire etc.) und frage sie, wo sie es herhat.

… die bei irgendetwas Hilfe braucht, und biete ihr deine Unterstützung an.

… die besonders glücklich aussieht, und frage sie, worüber sie sich freut.

… die etwas an sich hat, das dir besonders gefällt (Frisur, Augen, Stimme etc.) und äußere ein Kompliment. Über die freut sich ja ohnehin jeder.

… die du auf Anhieb sympathisch findest. Wenn dir nichts einfällt, was du sagen könntest, erzähle ihr einfach von dieser Challenge.

GEGENTEIL

EINMAL ANDERSRUM, BITTE!

MACHE JEDEN TAG MINDESTENS EINE SACHE MAL GENAU VERKEHRT HERUM.

Raus aus der Routine! Das ist gut fürs Gehirn und regt die grauen Zellen an. Schließlich musst du dich wieder voll und ganz auf etwas konzentrieren, sobald du es anders anpackst als gewöhnlich.

Hier sieben Vorschläge, die du diese Woche mal anders machen kannst:

WOCHE

1

Trage deine Armbanduhr am anderen Handgelenk oder platziere deine Uhren, nach denen du dich zuhause jeden Tag richtest, an einem anderen Ort.

2

Entdecke neue Routen und nimm mal einen anderen Weg, z. B. zur Arbeit.

3

Iss nur Dinge, die du sonst nie essen würdest. (Grundzutaten wie Salz, Pfeffer, Öl, Essig, Zucker etc. sind natürlich erlaubt!)

4

Verbringe deine Mittagspause anders als üblich, z.B. nicht in der Kantine, sondern draußen auf der Parkbank.

5

Ändere deinen Modestil! Sportlich wird zu elegant oder der Girlie-Syle zum Boyfriend-Look. Wenn du dich sonst eher bequem kleidest, krame mal die richtig schicken Kleidungsstücke aus deinem Schrank. Brezelst du dich sonst eher auf, kleide dich legere.

6

Abendplanung mal anders! Ändere deine Pläne für den Abend in das genaue Gegenteil. Wolltest du ausgehen? Dann mach dir stattdessen einen gemütlichen Abend in den eigenen vier Wänden. Oder wolltest du lieber zu Hause bleiben und couchen? Dann nichts wie raus und unternimm etwas mit deinen Freunden.

7

Tausche Aktion mit Ruhe, oder Ruhe mit Aktion. Du wolltest zum Sport? Dann lies in Ruhe ein Buch. Du wolltest ein Mittagsschläfchen machen? Dann mache stattdessen einen ausgedehnten Spaziergang.

7 TAGE

Müllfrei

MÜLL, ADÉ!
EINE WOCHE LANG KEINEN MÜLL ZU PRODUZIEREN FORDERT EINIGES AN EINFALLSREICHTUM.

Etwa 45 Millionen Tonnen Müll produzieren die Menschen in Deutschland pro Jahr. Es ist schon lange kein Geheimnis mehr, dass wir in einer Wegwerfgesellschaft leben. Oft ist es Nachlässigkeit oder Faulheit, die uns in kürzester Zeit den Mülleimer füllen lässt. Aber ist das Leben ohne unnötige Müllproduktion wirklich so schwer? Mit dieser Challenge soll dir bewusst werden, wie viel Müll eine einzelne Person täglich anhäuft und wie einfach es im Grunde ist, die Menge zu reduzieren.

HIER EIN PAAR TIPPS FÜR EINE MÜLLFREIE WOCHE:

1 Benutze Stofftaschentücher und wiederverwendbare Wattepads.

2 Kaufe Lebensmittel auf dem Wochenmarkt, sodass du sie direkt in selbst mitgebrachte Gläser oder Stoffbeutel füllen kannst. Alternativ gibt es in einigen Städten verpackungsfreie Supermärkte.

3 Trinke Milch, Säfte & Co. nur aus Glasflaschen oder Wasser am besten direkt aus dem Wasserhahn.

4 Fülle Essen oder Snacks für die Schule, die Arbeit oder unterwegs in eine Lunchbox aus Edelstahl, Glas oder Holz.

5 Wasche deine Wäsche mit selbst gemachtem Waschmittel. Dafür braucht es nur Kernseife, Waschsoda, Zitronensäure und vielleicht ein ätherisches Öl. Auch alle anderen Putzmittel lassen sich mit natürlichen Zutaten selbst herstellen.

6 Wenn du etwas im Take-Away-Imbiss bestellst, lasse es dir in eine mitgebrachte Box füllen.

7 Hab beim Einkaufen immer einen Stoffbeutel dabei, sodass du auf keine Plastik- oder Papiertüte zurückgreifen musst.

Befülle jeden Tag einen Papierkorb mit dem Müll, den du heute gespart hast.

7 TAGE

SCHRITT *halten*

BEWEGUNG, BEWEGUNG, BEWEGUNG. BESORG DIR EINEN SCHRITTZÄHLER UND LAUFE BIS ZU 10.000 SCHRITTE AM TAG.

Im Auto, im Büro, vor dem Fernseher, beim Essen, beim Arzt im Wartezimmer. Wir sitzen und sitzen und sitzen in unserem Alltag und das nicht zu knapp. Der Kreislauf des Sitzens – wer war nicht schon einmal in ihm gefangen? Wer nämlich viel sitzt, wird schnell träge und unmotiviert. Dagegen hilft nur eins: Entgegenwirken durch Aktivität. Immerhin ist der Mensch ein Bewegungstier und sowieso: Bewegung macht glücklich, denn unser Körper wird dadurch wachgerüttelt und unsere Gehirnzellen angeregt.

SO BLEIBST DU IM ALLTAG IN BEWEGUNG:

✓ **Dreh ein paar Runden beim Nachdenken!** Beim Grübeln kannst du ruhig ein bisschen umherlaufen oder wahlweise auch mal zum Fenster gehen, um hinauszuschauen.

✓ **Stehe mindestens alle 30 Minuten auf!** Mach dir einen Kaffee, geh zwischendurch mal die Wäsche aufhängen oder bring deinem Bürokollegen ein Dokument persönlich vorbei statt es per E-Mail zu schicken.

✓ **Flaniere!** Nicht zu verwechseln mit dem Spazierengehen, also dem gemächlichen Gehen. Wer flaniert, der schlendert ohne Ziel umher, betrachtet Interessantes und genießt die Zeit.

✓ **Lass Auto und Co. stehen!** Lass deinen fahrbaren Untersatz im Alltag mal stehen und laufe wenn möglich überhallhin. Zugegeben kann dies einiges mehr an Zeit kosten, die eingeplant werden will.

TIPP

Es gibt zahlreiche Apps, mit denen du deine Schritte zählen kannst. Diese sind allerdings nicht immer genau und setzen voraus, dass du dein Handy stets in der Tasche haben musst. Wahlweise kannst du dir einen Schrittzähler kaufen, den du am Handgelenk befestigen kannst.

HEUTE ungeschminkt

WEG MIT MAKE-UP, MASCARA UND EYELINER.

LEG DIE SCHMINKE IN DIE SCHUBLADE UND ZEIG NATÜRLICHE SCHÖNHEIT.

Coloriere das Make-Up in deinen Lieblingsfarben.

Schon seit Jahren kursiert in den Weiten der Sozialen Medien eine Aktion, bei der unter dem Hashtag *#nomakeupselfies* Menschen (vorwiegend Frauen) ihr Gesicht zeigen. Ohne Wimperntusche, ohne kaschierendes Puder, ohne Rouge. Natürlichkeit und unverfälschtes Aussehen sind heutzutage höher angesehen als in vielen vergangenen Epochen. Die meisten Menschen hätten heute weder die Zeit (noch die Lust) sich im Alltag so aufwendig zu schminken und drapieren, wie zu Zeiten des Rokoko.

Auch, wenn es dich einiges an Überwindung kosten sollte, morgens ungeschminkt aus dem Haus zu gehen: Trau dich und verschaffe deiner Haut Urlaub von Make-Up und Co.

BIST DU ÖKO, ODER WAS?

LEBE EINE WOCHE SO UMWELTFREUNDLICH WIE MÖGLICH.

Bananen aus Mittelamerika. Pullover hergestellt in Bangladesch. Rindfleisch im Supersonderangebot. Wir leben zweifelsohne in einer Konsumgesellschaft, in der viele schon vor langer Zeit den Bezug und das Verständnis für die Herstellung und den ‚Werdegang' eines Produktes verloren haben. Wer sich nur ansatzweise mit dem (umwelt-) bewussten Kaufen – und Leben – beschäftigt, merkt schnell: Wir wissen so gut wie nichts über das, was wir konsumieren. Diese Challenge wird dir jedoch auch zeigen, wie wir schon mit geringfügigen Anpassungen in unserem Leben, dieses Bewusstsein wiedererlangen.

‚Öko' – ist ein Wort, bei dem viele direkt an Sandalen und auffallende Kleidung tragende Zivilisationsgegner denken, welche einen in Diskussionen über Greenpeace und Biogemüse verwickeln wollen. Doch: Der Öko-Trend, oder besser das ‚Bewusst leben', ist längst gesellschaftsfähig geworden. Das beweist das große Angebot an Bio- und Fair-Trade-Produkten in den gängigen Supermärkten.

1 **Konsumiere weniger!** Brauchst du wirklich eine neue Hose? Oder ein neues Smartphone?

2 **Einkaufen für die Nachhaltigkeit!** Prüfe genau, was du im Supermarkt oder in anderen Läden einkaufst. Achte z.B. auf faire Arbeitsbedingungen bei der Herstellung oder setze auf Qualität aus der Region.

3 **Weg mit Einweg!** Lebe weitestgehend plastikfrei.

4 **Fahr Rad statt Auto!** Oder nutze öfter öffentliche Verkehrsmittel.

5 **Pass auf, was du isst!** Einer der größten Verursacher von Treibhausgasen ist die Massentierhaltung. Versuche also weniger Fleisch zu essen oder kaufe am besten gleich beim regionalen Biobauern oder Metzger. Hier kannst du auch immer bei Bedarf nachfragen, wenn du es genau wissen willst.

6 **Reparieren statt neukaufen!** Schmeiß nicht immer alles gleich weg und kauf es neu. Vieles lässt sich mit etwas Zeit und Muße reparieren.

7 **Oh, Ökostrom!** Wer auf Dauer umweltfreundlicher leben will, kann zu Ökostrom wechseln. Auch welches Bankinstitut du wählst, kann wichtig sein. Viele Banken investieren in nachhaltige Projekte.

Erfolg hat drei Buchstaben:

TUN!

Nicht weil es schwer ist,
wagen wir es nicht, sondern
weil wir es nicht wagen,
ist es schwer.

SENECA

Alte Freunde

KONTAKTIERE JEDEN TAG EINEN ALTEN BEKANNTEN ODER FREUND UND BEMÜHE DICH, LANG VERGESSENE BEZIEHUNGEN WIEDERZUBELEBEN.

So geht's:

Wähle bis zu sieben Kontakte aus, mit denen du lange nicht mehr gesprochen hast. Der Mitbewohner, der die Klausurphasen im Studium mit dir durchgestanden hat. Der beste Freund aus der Schulzeit, der dir zur Seite stand als dir das erste Mal das Herz gebrochen wurde. Oder auch die Spielkameradin, mit der man früher immer den Sommer verbracht hat. Schreibe jeden Tag einer dieser Personen eine Nachricht oder rufe sie an und erkundige dich, wie es ihr/ihm geht. Natürlich kannst du auch von dieser Challenge erzählen.

ALTE LIEBE ROSTET NICHT. Das gilt auch für Freundschaften. Manche Beziehungen ändern sich einfach nie, selbst, wenn man jemanden Monate oder gar Jahre nicht persönlich getroffen hat. Das, was man in der Vergangenheit gemeinsam durchgestanden und erlebt hat, schweißt Menschen zusammen. Alte Kontakte wieder aufzufrischen, ist daher auch eine kleine Reise zurück in unsere eigene Vergangenheit. Über die guten alten Zeiten zu quatschen, kann belebend sein.

7 TAGE

ZUTAT X

WÄHLE EINE BELIEBIGE ZUTAT AUS UND KOCHE TÄGLICH MINDESTENS EIN GERICHT, DAS DIESE ZUTAT ENTHÄLT.

Von Avocado bis Basilikum, diese Challenge wird ganz sicher deinen ganzen Einfallsreichtum in der Küche fordern und dir gleichzeitig beweisen, wie vielseitig man mit ein und derselben Zutat kochen kann. Aber auch was das Hinzufügen bestimmter Zutaten, z.B. intensive Gewürze, für einen Unterschied macht. Lerne auf diese Weise Gerichte neu kennen oder beschäftige dich ausgiebig mit ein und demselben Lebensmittel.

Selbst Beilagen wie Kartoffeln kannst du natürlich eine Woche lang als Zutat für diese Challenge wählen, sofern du dich daran nicht nach einigen Tagen satt siehst bzw. schmeckst. Variiere sie etwa als Puffer, Reibekuchen, selbstgemachte Pommes, Auflauf, Suppe oder Kartoffelbrei.

MIT EINER VON DIESEN ZUTATEN KÖNNTEST DU KOCHEN:

1 Avocado (Guacamole, Smoothie, Sandwich, Aufstrich)

2 Kurkuma

3 Banane (Gebacken als Nachtisch, im Müsli, als Brot oder Chips)

4 Hülsenfrüchte (Suppe, Aufstrich, Rösti)

5 Knoblauch

6 Frische Minze (Schmeckt sogar auf Burgern gut!)

7 Paprikaschoten

Fertige jeden Tag eine kleine Zeichnung von deinem Essen.

When nothing goes Right? Go Left!

Man kann meist
viel mehr tun,
als man sich
gemeinhin zutraut.

AENNE BURDA

STORIES

LASS DICH INSPIRIEREN!

FELIX FINKBEINER und die Bäume

Als der damals 9-jährige Felix 2007 ein Schulreferat hielt, inspiriert vom Green Belt Movement, das von der kenianischen Politikerin Wangari Maathai gegründet wurde und seit 1977 über 50 Millionen Bäume in Kenia gepflanzt hat, war ihm nicht klar, was für Wellen seine Idee schlagen würde. Nach nur drei Jahren pflanzte seine Kinderinitiative den millionsten Baum in Deutschland und der Plan ist – natürlich – dies in jedem Land der Erde zu erreichen. Wer's nicht glaubt, kann sich auf www.plant-of-the-planet.org über die Initiative informieren.

MEIKE WINNEMUTH
und das Stadtleben

Ein Jahr, zwölf verschiedene Städte und kulturelle Eindrücke, welche viele in ihrem ganzen Leben nicht bekommen. In ihrem Buch „Das große Los: Wie ich bei Günther Jauch eine halbe Million gewann und einfach losfuhr" beschrieb die deutsche Journalistin Meike Winnemuth wie sie mit dem Wunsch finanziell etwas unabhängiger zu werden bei *Wer wird Millionär?* teilnahm, am Ende mit 500.000 Euro heimkehrte und sich ein Jahr Auszeit nahm, um die Vielfalt von Städten auf der ganzen Welt zu erfahren.

WÄHLE DEINE CHALLENGE FÜR 30 TAGE

Schreibe mit der Hand
Ein Tag, ein Wort
Zuckerfrei
A foto a day
Entdecke das Kind in dir!
Der Soundtrack deines Lebens
Frühlingsfreuden
Summer Fun
Hurra, Hurra, der Herbst ist da!
Winter Wunderland
Mini-Mini-Minimal
An apple a day keeps the doctor away
Trink mich!
Fernsehfrei
Sind wir nicht alle ein bisschen vegan?
Räum auf!
Keep on running
Jeden Tag eine gute Tat!
Danke für die Blumen!
Lass was machen, Schatz!
A movie a day
Kein Plastik!
Fit in den Tag: Bauch
Fit in den Tag: Beine
Fit in den Tag: Po
Fit in den Tag: Arme
Fit in den Tag: Rücken
Sonnengruß
Clean Eating
Low Carb
Heut hab ich Appetit
Das kann ich allein
Danke
Kreativität ist grenzenlos
Kreativ durch den Tag: Zeichnen
Kreativ durch den Tag: Nähen
Kreativ durch den Tag: Stricken
Kreativ durch den Tag: Häkeln
30-Tage-Schreibfieber
Das Business-Outfit
Heute träum ich
Ah, ein Aphorismus!
Kurzgeschichte
Patchwork
Du bist mir ein Fremdwort
Raus in die Natur!
Finger weg vom Alkohol
Ganz schön Comic
Konsumfasten
Rätselhaft

30 TAGE

Schreibe MIT DER HAND JEDEN TAG!

SCHREIBEN – ABER WAS DENN?

Am besten suchst du dir zu Beginn der Challenge ein Gedicht oder einen Text aus, das bzw. den du magst. Von diesem kannst du jeden Tag ein paar Sätze von Hand abschreiben. Natürlich kannst du auch ein eigenes Gedicht oder eine selbst erdachte Geschichte schreiben. Eine weitere Möglichkeit: Notiere täglich ein paar Sätze darüber, wie dein Tag verlaufen ist und was du Schönes (oder auch weniger Schönes) erlebt hast. Oder wie wäre es mal wieder mit einem schönen langen Brief an einen Freund oder eine Freundin.

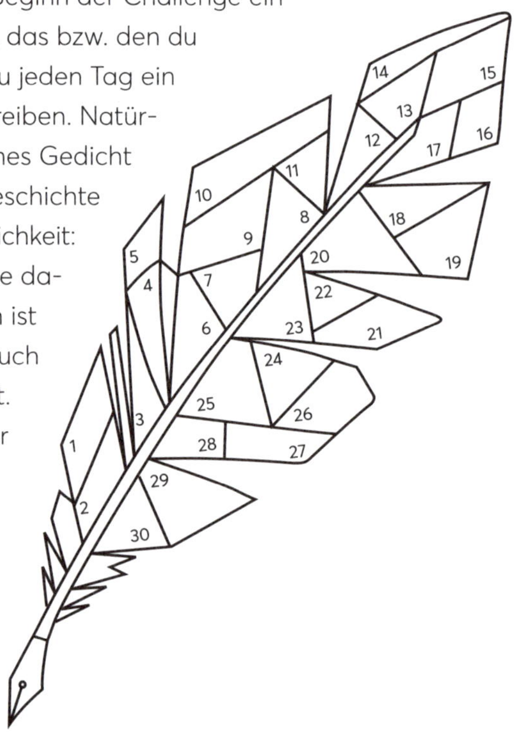

In den Zeiten von Facebook, E-Mail und Co. kommt das handgeschriebene Wort oftmals zu kurz. Leider, denn unsere Handschrift hat eine wunderbare Qualität – sie ist einzigartig. Jeder hat eine, die seine ist und nur seine. Gewissermaßen ein Markenzeichen auf dem Papier. Laut der Graphologie ist unsere Handschrift ein Ausdruck unserer Persönlichkeit.

Das eigentliche Argument, das für diese Challenge spricht, ist jedoch nicht unbedingt die Verbildlichung unserer Persönlichkeit, sondern: Wer auf dem Papier schreibt, der denkt anders. Und kann sich – obendrein – später an das Geschriebene besser erinnern. Das (mehr oder weniger) strukturierte Arbeiten am PC fordert von uns eine vollkommen andere Art des Schreibens ab als es ein Blatt Papier tut. Auf diesem können wir experimentierfreudig und mit unseren ganzen Emotionen krakeln und skizzieren oder es eben auch mal zerknüllt in die Ecke schmeißen.

EIN TAG, *ein Wort*

WIDME DICH EINEN MONAT LANG TÄGLICH DEM HANDLETTERING UND LETTERE EIN WORT.

Handschrift, wechsle dich! Die Handschrift ist eine Veranschaulichung unseres Charakters. Aber ebenso kann man das von unserem Modegeschmack behaupten und um diesen zu definieren, ist ja wohl oft genug der Gang zur Umkleidekabine gefragt, wo wir probieren und experimentieren können. Warum also sollten wir nicht auch mit den gestalterischen Möglichkeiten des Handlettering spielen, damit die ein oder andere Schriftart auf unsere Handschrift Einfluss nimmt. Überlege dir jeden Tag ein Wort, welches du mit einer Methode aus dem Handlettering gestaltest. Welches Wort dies sein soll, ist dir selbst überlassen.

WORTVORSCHLÄGE:

Antlitz
Augenstern
Backpfeife
Bauchgefühl
Behutsamkeit
Blickfang
Blütenzauber
butterweich
Dämmerlicht
Eselsbrücke
farbenfroh
Fernweh
Fingerspitzengefühl
Gänseblümchen
Gedankenwelt
Gemütlichkeit
Glückskind
hasenherzig
herzallerliebst
Herzenslust
Knalltüte
Krimskrams
Lebenslust
Lobhudelei
mucksmäuschenstill
Müßiggang
Naschkatze
Ohrenschmaus
Purzelbaum
Pusteblume
Pustekuchen
Schmollmund
Tagtraum
Tausendschön
Vollmond
Vorfreude
Waldeinsamkeit
Wanderlust
Weltenbummler
Wonnevoll
Wunschtraum
zeitvergessen
Vergissmeinnicht
Zweisamkeit

Zucker FREI

EINEN MONAT KOMPLETT AUF ZUCKER VERZICHTEN? DIESE CHALLENGE IST ALLES ANDERE ALS EIN ZUCKERSCHLECKEN.

ACHTUNG: In den meisten Fertigprodukten ist Zucker enthalten. Oft versteckt er sich auch in Produkten, bei welchen man gar nicht damit rechnet. Du solltest daher immer genau die Zutatenliste prüfen.

Weniger Pickel, besserer Gesundheitszustand, weniger anfällig für Depressionen oder Stimmungsschwankungen, ausgeglichener Schlaf, kein Heißhunger mehr und dünner wird man auch noch? Wenn man sich die positiven Effekte eines zuckerlosen Daseins vor Augen führt, muss man sich schon fragen, weshalb man überhaupt Zucker zu sich nimmt. Na gut, Schokolade, Kuchen und Co. sind schon ziemlich bombe. Dennoch wird dir diese Challenge ein neues Körperbewusstsein geben, wenn du sie durchziehst.

A FOTO A DAY

KNIPS! MACHE JEDEN TAG EIN FOTO VON ETWAS, WAS DICH FASZINIERT ODER EINFACH NUR ERFREUT.

Deinen Fotos sind keine Grenzen gesetzt. Sammle deine Bilder am besten in einem Ordner. Am Ende des Monats kannst du dir deine Bildauswahl ausdrucken oder sie entwickeln lassen und alle nebeneinander an die Wand hängen. Hier ein paar Inspirationen für deine Fotos:

- **Essen** Mmh, lecker! Ein schön drapiertes Mittagessen, ein Eis mit bunten Schokostreuseln oder frisches Obst sind einfach nur schön anzusehen.
- **Blumen** Blumenwiesen, aber auch eine einzelne Blume am Wegesrand kann ein farbenprächtiger Hingucker sein.
- **Das Lächeln eines Menschen** …sollte immer ein Foto wert sein.
- **Dein Lieblingspullover** …oder auch andere favorisierte Kleidungsstücke.
- **Ein Glas Wein** …oder der Feierabend-Cocktail wirken vor allem bei dem richtigen Lichteinfall gut.

Es gibt diese Tage, an denen hat man das Gefühl, nichts Gutes kann aus ihnen hervorkommen. Alles zerrt fürchterlich an deinen Nerven. Es ist daher wichtig, sich auf die schönen Dinge im Leben zu konzentrieren, wie klein und unscheinbar sie auch sein mögen. Manchmal musst du dafür genau hinsehen oder mit einem suchenden Blick deine Umwelt betrachten.

Markiere jeden Tag ein Polaroid um deinen Fortschritt festzuhalten.

ENTDECKE DAS *Kind* IN DIR!

Erinnere dich daran, was du als Kind gerne gemacht hast – und mach genau das! Je alberner, desto besser. Es muss nicht immer einen Sinn haben, nur Spaß soll es bereiten.

„Es gibt kein Alter, in dem alles so irrsinnig intensiv erlebt wird wie in der Kindheit. Wir Großen sollten uns daran erinnern, wie das war", meinte bereits die schwedische Kinderbuchautorin Astrid Lindgren. Sobald wir uns an Momente aus unserer Kindheit erinnern, in denen wir gespielt haben, kommt auch das Gefühl der Leichtigkeit zurück, mit dem wir spielten. Und obwohl wir diese Zeit nie mehr zurückbekommen, können wir dennoch versuchen von diesem Gefühl auch heute noch zu zehren und daraus Kraft zu schöpfen. Die Welt hin und wieder mit Kinderaugen zu betrachten, lässt uns daran erinnern, dass gerade Sinnfreies oft das Schönste im Leben ist.

- 1 Klettere auf ein Klettergerüst.
- 2 Übe einen Zaubertrick ein.
- 3 Mache eine Kissenschlacht.
- 4 Male nach Zahlen.
- 5 Spiele Sackhüpfen.
- 6 Kaufe ein Überraschungsei (Oder gleich mehrere!).
- 7 Bastle eine Kette aus Nudeln.
- 8 Lies ein Kinderbuch oder schau dir ein Bilderbuch an.
- 9 Stelle ein Planschbecken auf und plansche darin (Geht auch im Wohnzimmer!).
- 10 Male ein Bild mit Fingerfarben.
- 11 Hüpfe auf einem Hüpfball oder in einer Hüpfburg.
- 12 Spiele jemandem einen Klingelstreich.
- 13 Mache eine Wasserbombenschlacht.
- 14 Spiele mit jemandem „Faden abnehmen“.
- 15 Spiele mit Lego® oder Playmobil®.
- 16 Baue eine Höhle aus Decken, Laken und Kissen.
- 17 Singe lauthals mindestens 5 Kinderlieder.
- 18 Spiele mit deinen Freunden Blindekuh.
- 19 Male mit Kreide auf der Straße.
- 20 Iss Zuckerwatte.
- 21 Mach dir ein abwaschbares Tattoo auf den Arm.
- 22 Bastle einen Papierflieger, der mindestens 2 Meter weit fliegt.
- 23 Knete etwas aus Knetmasse.
- 24 Schau den ganzen Vormittag Cartoons im Schlafanzug.
- 25 Rutsche eine Rutsche hinunter.
- 26 Kauf dir eine Kinderzeitschrift.
- 27 Mache ein Schokokuss-Wettessen.
- 28 Pflücke einen kunterbunten Feldblumenstrauß.
- 29 Geh bei Regenwetter raus und springe in eine Pfütze.
- 30 Lass dir von jemandem eine Gute-Nacht-Geschichte vorlesen.

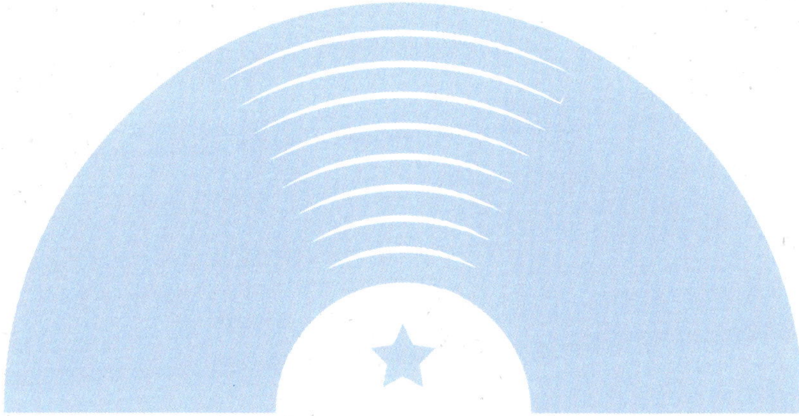

DER SOUNDTRACK DEINES LEBENS

HÖRE TÄGLICH EINEN SONG, DER EINE BESONDERE BEDEUTUNG FÜR DICH HAT.

Musik bewegt uns, bringt uns zum Weinen, zum Lachen, stimmt uns nachdenklich. Sie hat ganz einfach eine unglaubliche Macht über unsere Gefühlswelt, denn in den Liedern, die wir hören, verstecken sich Erinnerungen an Personen, Erlebnisse oder Orte. Kein Wunder, wird doch unser gesamtes Gehirn stimuliert, wenn wir Musik hören.

Deine ganz persönliche Playlist.

- [ ] **1** Ein Song, der dich entspannt.
- [ ] **2** Ein Song aus deiner Kindheit.
- [ ] **3** Dein aktueller Lieblingssong.
- [ ] **4** Ein Song, der dich für einen Moment glücklich macht.
- [ ] **5** Ein Song, der dich an einen besonderen Menschen erinnert.
- [ ] **6** Ein Song, den du in- und auswendig kannst.
- [ ] **7** Ein Song, der dich zum Lachen bringt.
- [ ] **8** Ein Song, in welchem du dich am besten wiedererkennst.
- [ ] **9** Ein Song, den du einmal geliebt hast, aber nun nicht mehr hören kannst.
- [ ] **10** Ein Song, von dem du sofort einen Ohrwurm bekommst.
- [ ] **11** Der Song deines letzten Sommers.
- [ ] **12** Ein Song, der dich zum Weinen bringt.
- [ ] **13** Ein Song, den du auf deiner Beerdigung spielen würdest.
- [ ] **14** Ein Song, den du gerne selbst auf einem Instrument spielen können würdest.
- [ ] **15** Ein Song aus deiner Schulzeit.
- [ ] **16** Ein Song, der dich an deine Großeltern erinnert.
- [ ] **17** Ein Song, den du bei deiner Hochzeit spielen würdest.
- [ ] **18** Ein Song, der dich an einen besonderen Ort erinnert.
- [ ] **19** Ein Song, bei dem du nicht still sitzen kannst.
- [ ] **20** Ein Song, den du magst – was dir aber peinlich ist.
- [ ] **21** Ein Song, den du nur hörst, wenn du betrunken bist.
- [ ] **22** Ein Song, den du gerne öfter im Radio hören würdest.
- [ ] **23** Der Song deines letzten Winters.
- [ ] **24** Dein Song für einen gemütlichen Herbstnachmittag.
- [ ] **25** Dein Lieblingssong als du volljährig wurdest.
- [ ] **26** Ein Song, der dich an einen besonderen Tag erinnert.
- [ ] **27** Dein Song für einen Frühlingsspaziergang.
- [ ] **28** Ein Song, den du magst – was aber keiner von dir erwarten würde.
- [ ] **29** Dein Lieblingssong vor genau einem Jahr.
- [ ] **30** Ein Song, bei dem du sofort das Radio ausstellen würdest.

Jeder Tag könnte derjenige sein, an dem sich ALLES ändert.

Gib jedem Tag
die Chance,
der schönste deines
Lebens zu werden.

MARK TWAIN

FRÜHLINGS FREUDEN

FRÜHJAHRSMÜDIGKEIT? VON WEGEN! RAUS IN DIE NATUR UND BEOBACHTE, WIE ALLES ZU BLÜHEN BEGINNT.

Damit der Frühling zwischen Winter und Sommer nicht in Vergessenheit gerät, schenke ihm einen Monat lang deine volle Aufmerksamkeit und mache jeden Tag eine Sache, auf die du während der Winterzeit verzichten musstest. Der Frühling ist nämlich alles anderes als ein Lückenfüller der Natur. Er steht für eine Zeit, in der alles erwacht und belebt wird und genau diese Eigenschaft sollten wir uns zu Eigen machen. Hier findest du Ideen für deinen frühlingshaften Monat:

1
Gehe auf einen Flohmarkt, der unter freiem Himmel stattfindet.

2
Pflücke einen Blumenstrauß.

3
Iss Spargel!

4
Gönn dir ein Getränk in einem Café – aber draußen!

5
Leg dich auf eine grüne Wiese und betrachte den Himmel.

6
Genieße das erste Eis des Jahres.

7
Mache einen Städtekurztrip, solange es noch nicht zu heiß dafür ist.

8
Schlaf bei offenem Fenster.

9
Frühstücke draußen.

10
Besuche einen Wochenmarkt.

11
Mache mit deinem Hund (oder einem aus dem Tierheim) einen langen Spaziergang.

12
Geh auf einen Spielplatz und schaukle, was das Zeug hält.

13
Bemale Ostereier.

14
Mache ein Picknick im Park.

15
Geh mit den nackten Füßen durch einen Bach.

16
Setz dich auf eine Parkbank und lies ein Buch oder eine Zeitung.

17
Backe einen Hefezopf.

18
Baue (oder kaufe) ein Vogelhäuschen und bringe es draußen an.

19
Besuche einen Streichelzoo.

20
Hol den Grill raus und eröffne die Grillsaison mit deinen Freunden.

21
Pflücke im Wald frischen Bärlauch.

22
Stelle dir deinen Frühlings-Soundtrack zusammen

23
Pflanze frische Kräuter.

24
Bereite einen Smoothie mit frischen Früchten zu.

25
Schmücke deine Wohnung mit Blumen.

26
Geh in einen Park, indem du noch nie warst.

27
Mache ein Nickerchen im Freien.

28
Füttere im Park die Enten.

29
Mache mind. 5 Fotos von unterschiedlichen Schmetterlingen.

30
Fahre eine Runde mit der Achterbahn.

SUMMER FUN

SOMMER, SONNE, SONNENSCHEIN. MACHE JEDEN TAG EINE SACHE, DIE DU NUR IN DER WARMEN JAHRESZEIT MACHEN KANNST.

Na endlich, der Sommer ist da! Bombenwetter, milde Abende im Freien, Ausflüge zum See, Eis, Cocktails und haste nicht gesehen. Damit der Sommer nicht wie im Flug an dir vorbeizieht und du am Ende sagst: „Irgendwie habe ich den Sommer gar nicht richtig genossen!", solltest du jeden Tag etwas machen, das dich den Sommer richtig spüren lässt. Nicht umsonst steht der Sommer für Lebensfreude, Freiheit und das Gefühl: „Wenn nicht jetzt, wann dann?"

1 ○
Mache einen Ausflug zu einem Bauernhof.

2 ○
Pack was Neues auf den Grill, z. B. Shrimps.

3 ○
Geh Picknicken.

4 ○
Gönn dir einen Flipflop-Tag.

5 ○
Stelle ein Planschbecken auf und plansche darin.

6 ○
Baue eine Sandburg, egal ob am Strand oder im Sandkasten auf dem Spielplatz.

7 ○
Genieße einen Drink in einer Rooftop-Bar.

8 ○
Mache einen Salat mit Wassermelone und Feta.

9 ○
Schwimm in einem Badesee.

10 ○
Mache draußen Yoga.

11 ○
Fahre Tretboot.

12 ○
Spiele mit deinen Freunden eine Runde Frisbee-Golf.

13 ○
Stelle dir deinen Sommer-Soundtrack zusammen und höre ihn.

14 ○
Zelte – selbst, wenn es nur im eigenen Garten ist.

15 ○
Sammle Holunderblüten und stelle dir daraus deinen eigenen Sirup her.

16 ○
Besuche ein Outdoor-Konzert.

17 ○
Pflücke Erdbeeren.

18 ○
Bastle einen Kranz aus Gänseblümchen für deine Haare.

19 ○
Mache Wassereis aus Apfel- oder einem anderen Obstsaft.

20 ○
Rolle einen Hügel hinunter.

21 ○
Schau dir einen Film im Open-Air-Kino an.

22 ○
Trinke einen Cocktail aus einer Kokosnuss.

23 ○
Mache eine Fahrradtour.

24 ○
Laufe Barfuß durchs Gras.

25 ○
Mache XXL-Seifenblasen.

26 ○
Spiele Minigolf.

27 ○
Frühstücke in der Sonne.

28 ○
Kreiere dir deinen eigenen Sommer-Cocktail.

29 ○
Gehe in einen Biergarten.

30 ○
Springe vom 5-Meter-Turm im Schwimmbad.

HURRA, HURRA DER HERBST IST DA!

DER SOMMER WAR SCHÖN, ABER JETZT REICHT ES AUCH MIT DER HITZE. NUN DARF ES WIEDER ETWAS GEMÜTLICHER WERDEN.

Der Herbst ist da! Doch das bedeutet nicht, dass du dich in deine vier Wände zurückziehen musst, denn das Tolle am Herbst: Mit etwas Glück herrschen draußen immer noch angenehme Temperaturen und auch die Farbenpracht dieser Jahreszeit sollte nicht unterschätzt werden. Der Herbst wirkt auf seine Weise inspirierend und beflügelt uns sogar. Er lässt uns heimeliger werden und lädt zu vielen schönen Beschäftigungen ein.

1
Sammle Laub und mache daraus eine Herbstcollage.

2
Trinke Federweißer und iss einen Zwiebelkuchen.

3
Springe in einen Laubhaufen.

4
Lass einen Drachen steigen.

5
Schnitze einen Kürbis mit Grimasse.

6
Besuche eine Stadt, die du im Herbst noch nie besucht hast.

7
Stelle deinen Herbst-Soundtrack zusammen und höre ihn bei einem Waldspaziergang.

8
Sammle Kastanien und baue daraus (z.B. mithilfe von Zahnstochern) kleine Männchen.

9
Pflücke Äpfel.

10
Springe mit Gummistiefeln in eine Pfütze.

11
Gehe im Wald Pilze sammeln. (Achtung: Iss nur diejenigen, die du 100 % kennst!)

12
Spaziere mit einem Regenschirm durch den Herbstregen.

13
Beobachte den Sternenhimmel und halte Ausschau nach Sternschnuppen.

14
Koche Kürbissuppe.

15
Sieh dir (mit Freunden) einen Gruselfilm an.

16
Knacke (selbst gesammelte) Walnüsse.

17
Lies ein Buch auf einer Parkbank.

18
Gib eine herbstliche Dinner-Party.

19
Lies ein Gedicht passend zum Herbst.

20
Genieße die letzten Sonnenstrahlen eines Herbsttages bei einer heißen Tasse Kakao.

21
Beobachte Eichhörnchen.

22
Gieße Kerzen.

23
Setz dich ans Fenster und beobachte den Regen.

24
Veranstalte eine Motto-Party zum Oktoberfest.

25
Mache eine Weinprobe bei einem Winzer.

26
Geh zu einer literarischen Lesung oder in eine Ausstellung.

27
Feiere Halloween.

28
Stöbere in alten Fotos.

29
Mache einen Spaziergang über einen Friedhof.

30
Telefoniere mit jemandem, mit dem du lange nicht gesprochen hast.

WINTER WUNDERLAND

GENIESSE DIE WINTERZEIT IN VOLLEN ZÜGEN!

Heiße Schokolade, heimelige Abende mit Freunden und Familie und immerzu Weihnachten, welches in der kalten Jahreszeit allgegenwärtig ist. Der Winter steckt voller kleiner Gemütlichkeiten. Auch wenn die Weihnachts- und Adventszeit ohnehin schon eine Zeit der Rituale und Traditionen ist, gibt es noch viele andere schöne Dinge, die du im Winter auskosten solltest. Der Winter ist eine magische Zeit und hält viele Überraschungen bereit.

1 ◯
Trinke eine heiße Schokolade.

2 ◯
Bastle Schneeflocken aus Papier.

3 ◯
Frühstücke im Bett.

4 ◯
Geh auf den Weihnachtsmarkt und trinke einen Glühwein – oder auch zwei oder drei oder ...

5 ◯
Stelle deinen Winter-Soundtrack zusammen und höre ihn eingekuschelt in eine Decke auf dem Sofa.

6 ◯
Schaue einen Weihnachtsfilm an.

7 ◯
Stricke ein Paar Socken oder kaufe dir ein warmes wolliges Paar.

8 ◯
Backe ein Lebkuchenhaus.

9 ◯
Trockne Orangenscheiben.

10 ◯
Mache einen Schneeengel.

11 ◯
Bastle Sterne aus Butterbrottüten.

12 ◯
Organisiere einen Spieleabend mit Freunden.

13 ◯
Begib dich auf eine Schneeschuhwanderung.

14 ◯
Lies eine Weihnachtsgeschichte.

15 ◯
Nimm ein laaanges Bad oder geh schön heiß duschen.

16 ◯
Verschicke Weihnachtskarten.

17 ◯
Verantalte eine Nikolaus-Party.

18 ◯
Mache eine Kutschenfahrt.

19 ◯
Lege einen Wellness-Tag mit Sauna ein.

20 ◯
Setze dich irgendwo an ein gemütliches Kaminfeuer.

21 ◯
Packe dich warm ein und mache einen Spaziergang.

22 ◯
Geh Schlittschuhlaufen.

23 ◯
Mache ohne jeglichen Weihnachtsstress einen Schaufensterbummel.

24 ◯
Stelle eine duftende Kerze auf.

25 ◯
Mache einen Weihnachtspunsch.

26 ◯
Singe ein Weihnachtslied.

27 ◯
Backe Plätzchen und verziere sie nach Lust und Laune.

28 ◯
Geh rodeln oder Skifahren.

29 ◯
Beschenke nur die Menschen zu Weihnachten, die dir wirklich nahestehen.

30 ◯
Küsse jemand unter einem Mistelzweig.

MINI-MINI-MINIMAL

Um eines gleich klarzustellen: Beim Minimalismus geht es nicht um das einfache Aufräumen (Dafür eignet sich eher unsere Aufräum-Challenge!). Es geht vielmehr darum, Platz für die wirklich wichtigen Dinge im Leben zu schaffen und die unnötigen loszulassen. Ein Leben ohne Ballast. Um dieses anzustreben, stell dir zu Beginn grundlegende Fragen wie: Was macht dich glücklich? Und was belastet dich? Diese Fragen beschränken sich nicht nur auf materielle Gegenstände oder z.B. deinen Einrichtungsstil, sondern beziehen sich auch auf Dinge aus dem digitalen Leben, Gedanken und unangenehme Angewohnheiten. Minimalismus ist etwas, dass sich durch dein ganzes Leben zieht und auch, wenn du nach dieser Challenge feststellst, dass ein minimalistischer Lebensstil nichts für dich ist, wirst du einiges über dich und deine Angewohnheiten lernen.

- ☐ **1** Benutze für die Dauer der Challenge keine Plastiktüten.
- ☐ **2** Verbringe einen Tag ungeschminkt bzw. komplett ungestylt.
- ☐ **3** Bestelle mindestens fünf Newsletter ab.
- ☐ **4** Mache für die Dauer der Challenge jeden Tag einen 20- bis 30-minütigen Spaziergang in der Natur.
- ☐ **5** Führe ein entspannendes Ritual vor dem Einschlafen ein (Hände weg von Smartphone).
- ☐ **6** Lass dein Smartphone mal zu Hause.
- ☐ **7** Sortiere alles aus deinem Kühlschrank und deinen Küchenschränken aus, das nicht mehr genießbar ist.
- ☐ **8** Mache für die Dauer der Challenge jeden Tag für 10 Minuten Stretching-Übungen, Yoga oder Pilates.
- ☐ **9** Kaufe und koche eine Woche lang nur frische Lebensmittel.
- ☐ **10** Entferne alle Apps von deinem Smartphone, die du nie benutzt oder mit denen du deine Zeit verschwendest.

MINI-MINI-MINIMAL

- ☐ **11** Trinke drei Tage lang nur Wasser und ungesüßten Tee.
- ☐ **12** Einen Tag lang: Kein Drama und kein unnötiges Gejammer!
- ☐ **13** Überlege Dir mindestens zehn Dinge, die dich glücklich machen.
- ☐ **14** Sei offline!
- ☐ **15** Geh deine Facebook-Freundesliste durch und entferne alle Kontakte, mit denen du kaum oder sogar noch nie kommuniziert hast.
- ☐ **16** Verschenke mindestens fünf Bücher, die du schon gelesen hast.
- ☐ **17** Trenne dich von mindestens fünf Dingen in deinem Badezimmer.
- ☐ **18** Schreibe aus deinem Gedächtnis alle Kleidungsstücke auf, die du besitzt, und trenne dich von mindestens der Hälfte der Teile, an die du dich nicht erinnern konntest.
- ☐ **19** Nimm für die nächsten drei Tage keine neuen Termine an und vereinbare auch keine.
- ☐ **20** Erstelle eine To-Do-Liste! Schreib dir alle Aufgaben auf, die du diesen Monat noch erledigen möchtest oder musst.
- ☐ **21** Durchsuche deine Wohnung nach ausgeliehenen Gegenständen und gib sie zurück.
- ☐ **22** Mache für eine Woche dein Smartphone erst auf der Arbeit an.
- ☐ **23** Schaue wenig oder gar kein Fernsehen.
- ☐ **24** Erkenne deine Tagesroutine und schreibe auf, womit du den ganzen Tag deine Zeit verbringst.
- ☐ **25** Nimm jede Mahlzeit ohne jegliche Ablenkung zu dir.
- ☐ **26** Räume deinen Desktop und deine digitalen Lesezeichen auf.
- ☐ **27** Organisiere deinen Schreibtisch und lass nur die Dinge stehen, die einen Nutzen haben.
- ☐ **28** Sortiere eine chaotische Schublade.
- ☐ **29** Räume deinen Geldbeutel und/oder deine Handtasche(n) aus und schmeiß alles weg, was du nicht mehr brauchst.
- ☐ **30** Was sind deine nächsten Ziele, z.B. im Beruf oder auch im Leben allgemein? Definiere sie.

Probiere es aus und iss jeden Tag einen Apfel.

Obst ist gesund. Weiß doch jeder. Und tatsächlich: Bereits eine geringe Menge an Obst pro Tag senkt das Risiko für einen Schlaganfall oder Herzinfarkt. Auch Äpfel wirken sich positiv auf die Verdauung aus und gelten als äußerst sättigend, was am Ballaststoff Pektin liegt. Sie stärken das Immunsystem und können sogar entzündungshemmend wirken. Grund genug, um den Apfel für mindestens einen Monat in seine tägliche Speisekarte einzubeziehen. Er lässt sich wunderbar ins Müsli schnippeln, in Gerichten wie Pfannkuchen integrieren oder mit Haferflocken bestreut genießen.

Coloriere jeden gegessenen Apfel.

TRINK MICH!

TRINKE TÄGLICH MINDESTENS 2 LITER WASSER ODER ANDERE GETRÄNKE.

TIPP

Verbessere dein Trinkverhalten, indem du in einer Strichliste festhältst wie viel du am Tag trinkst. 1-Liter-Flaschen eignen sich wunderbar, um die Trinkmenge gut nachzuvollziehen. Kauf dir außerdem Flaschen im kompakten Format für unterwegs.

So leicht diese Challenge auch klingt: Richtig und viel trinken will gelernt sein. Nicht selten vernachlässigen wir das richtige Trinkverhalten, weil wir nicht daran denken oder der hektische Alltag – jawohl – uns keine Zeit dafür lässt. Die empfohlene Menge hängt vom Körpergewicht ab: Körpergewicht in Kilogramm durch 30 teilen. Das Ergebnis ist die empfohlene Menge in Liter. Wiegt jemand 60 kg, sollte er also 2 l Wasser am Tag trinken. Mineralwasser gilt dabei natürlich als beste Getränkewahl. Also, hoch die (Wasser-)Gläser!

GETRUNKEN		GETRUNKEN	
TAG 1		TAG 16	
TAG 2		TAG 17	
TAG 3		TAG 18	
TAG 4		TAG 19	
TAG 5		TAG 20	
TAG 6		TAG 21	
TAG 7		TAG 22	
TAG 8		TAG 23	
TAG 9		TAG 24	
TAG 10		TAG 25	
TAG 11		TAG 26	
TAG 12		TAG 27	
TAG 13		TAG 28	
TAG 14		TAG 29	
TAG 15		TAG 30	

ACHTUNG

Menschen mit bestimmten Krankheiten (z.B. die Nieren oder die Leber betreffend) werden dazu angehalten, oft weniger zu trinken.

MUT ZU NEUEN *Taten*

Sobald man in einer Sache Meister geworden ist, soll man in einer neuen Schüler werden.

GERHART HAUPTMANN

Fernseh-FREI

DIE FLIMMERKISTE EINFACH MAL AUS LASSEN.

Mal ehrlich: Wie viel Stunden Fernsehen schaust du in der Woche? Laut Studien schauen die Deutschen durchschnittlich weit mehr als 3 Stunden Fernsehen täglich. Die Unmengen an Zeit, die durch das Weglassen von Faktor Flimmerkiste gewonnen werden, wären bei diesem Pensum wohl enorm. Wer den Fernseher eine Weile aus seinem Leben verbannt, merkt schnell, wie viel Zeit er plötzlich zur Verfügung hat. Der Zeichenkurs, den man schon immer mal machen wollte, oder der Stapel ungelesener Bücher, der nie schrumpft, die Schränke, die ausgemistet werden wollen, für Freunde kochen oder mit der Familie Gesellschaftsspiele spielen. Film und Fernsehen halten uns von vielem ab und lassen unseren Tatendrang – im wahrsten Sinne des Wortes – auf dem Sofa eindösen.

Wieder ein Tag ohne Flimmerkiste?
Streiche einen Fernseher ab!

TIPP Wem das fernsehlose Dasein nicht gänzlich zusagt, kann seinen TV-Konsum auch auf einen Fernsehabend in der Woche reduzieren und sich im Vorfeld genau aussuchen, welchen Film oder welche Sendung er sehen möchte.

SIND WIR NICHT ALLE EIN BISSCHEN

Entdecke den Veganer in dir und iss 30 Tage lang keine tierischen Produkte.

Massentierhaltung, Kühe, die in einer Art Dauerschwangerschaft gehalten werden, damit sie non-stop Milch geben, oder das Töten männlicher Küken direkt nach dem Schlüpfen. Moralische Gründe für eine vegane Lebensweise findet man in unserer Konsumgesellschaft im Nu. Selbst, wenn du dich zuletzt gegen das Leben als Veganer entscheidest, wird dich diese Challenge dazu zwingen, dich mit unangenehmen Fragen auseinanderzusetzen und dadurch am Ende dein Ernährungsbewusstsein zu erweitern. Wie kann in einer Brezel bitte schön Tierisches sein? Und wieso muss man plötzlich am Abend Chips und die geliebten Gummibärchen weglassen? Du wirst überrascht sein, in welchen Produkten tierische Inhaltsstoffe vertreten sind. Orangensaft, Wein, Eiswaffeln, Pesto und vieles andere sind nämlich nicht zwangsläufig vegan.

Mach dir Notizen und skribble dein veganes Essen. Alternativ kannst du die Lebensmittel notieren, auf die du verzichtet hast.

Räum auf!

EINMAL ORDENTLICH AUSMISTEN, DIE BUDE AUF VORDERMANN BRINGEN UND GLÜCKLICH SEIN!

Manch einer bezweifelt sicher, dass Aufräumen glücklich macht. Wie bitte soll es dich froh stimmen, wenn du dich den Dingen entledigst, die du dir doch extra angeschafft hast, um deinen Luxus und dein Wohlbefinden zu steigern? Dabei spiegelt sich der Ballast, den wir in uns selbst herumtragen, oft in den Dingen wieder, die wir besitzen und mit denen wir unsere Schränke füllen. Probiere es aus und befreie dich jeden Tag von materiellem Ballast. Und vor allem:

Schaffe Raum – in deinen Regalen und in deinem Kopf!

DAS KANN WEG:

☐ **1**
alte Verpackungen und Papierabfälle

☐ **2**
oxidierter, angelaufener Modeschmuck

☐ **3**
abgelaufene Haar-, Make-up- und Körperpflegeprodukte

☐ **4**
verklebter Nagellack

☐ **5**
abgenutzte oder verschlissene Schuhe

☐ **6**
veraltete Zeitschriften oder Magazine

☐ **7**
leere Gläser oder Aufbewahrungsboxen

☐ **8**
alte Briefe, bezahlte Rechnungen und Werbepost

☐ **9**
Bonus- oder Punktekarten, die du nicht nutzt

☐ **10**
abgelaufene Medikamente

☐ **11**
nicht mehr funktionierende Elektrogeräte. Diese kommen zum Wertstoffhof!

☐ **12**
abgelaufene Coupons und Gutscheine

☐ **13**
ausgefranste oder steinharte Handtücher

☐ **14**
Bücher, die dir nicht am Herzen liegen (Ab in den öffentlichen Bücherschrank!)

☐ **15**
alte Kissen, Decken und abgenutzte Bettwäsche

☐ **16**
Schulbücher aus Kindertagen

☐ **17**
CDs/DVDs, für die du keine Verwendung mehr hast

☐ **18**
abgetragene oder zerlumpte T-Shirts

☐ **19**
alte Glückwunschkarten

☐ **20**
Jeans, die nicht (mehr) richtig passen

☐ **21**
Promo-Artikel, die nur irgendwo herumliegen

☐ **22**
abgenutzte Tüten, Kartons oder Kisten

☐ **23**
kaputte Taschen und Geldbörsen

☐ **24**
Gürtel und Schals bzw. Tücher, die du nicht mehr trägst

☐ **25**
Deko-Kram, der dir nicht mehr gefällt

☐ **26**
kaputte oder zerkratzte Sonnenbrillen

☐ **27**
Stifte, die nicht mehr schreiben

☐ **28**
abgetragene Unterwäsche

☐ **29**
Geschenke, über die du dich nicht gefreut, aber dennoch behalten hast

☐ **30**
löchrige oder einzelne Socken

KEEP ON **RUNNING**

GEH JEDEN TAG LAUFEN – EGAL, OB ES REGNET ODER DU LIEBER AUF DEM SOFA SITZEN MÖCHTEST. DIESEN MONAT GIBT ES KEINE AUSREDEN!

Abnehmen ist bei vielen immer noch der Nummer-Eins-Grund, um Sport zu treiben. Dabei ist körperliche Ausgeglichenheit und Fitness, das worauf es ankommt. Unser Wohlbefinden und das Beste für unsere Gesundheit sollten die eigentliche Grundlage unserer Zielsetzung sein. Abnehmen? Das ist bloß ein (äußerst) positiver Nebeneffekt.

Läppische 30 Minuten Sport am Tag sind nötig, um deine Leistungsfähigkeit zu fördern und Kreislauf sowie Blutdruck zu stabilisieren. Vor allem dem Ausdauersport, wie Laufen, sagt man nach, dass er nicht nur gesund, sondern auch glücklich und – oh, ja – schlau macht. Ganz nach dem Motto „Lauf dir den Kopf frei!" kannst du dich nach und nach an den täglichen 30-Minuten-Lauf annähern. Am einfachsten fällt es, wenn du dich mit jemandem zusammentust.

TIPP

Versuche nicht ab dem ersten Tag für 30 Minuten dieselbe Geschwindigkeit zu halten. Auch wenn du deinen inneren Schweinehund besiegen willst: Geh es ruhig an! Wenn du nach 5 Minuten außer Puste auf dem Bordstein liegst, dient das kaum deiner Motivation.

Trage Täglich die Zeit und die Distanz deines Laufes ein. Vergiss nicht ein Smily für deine Laune und das Wetter einzutragen.

Tag 1

Zeit: ________ Min

Distanz: _____ km

Tag 2

Zeit: ________ Min

Distanz: _____ km

Tag 3

Zeit: ________ Min

Distanz: _____ km

Tag 4

Zeit: ________ Min

Distanz: _____ km

Tag 5

Zeit: ________ Min

Distanz: _____ km

Tag 6

Zeit: ________ Min

Distanz: _____ km

Tag 7

Zeit: ________ Min

Distanz: _____ km

Tag 8

Zeit: ________ Min

Distanz: _____ km

Tag 9

Zeit: ________ Min

Distanz: _____ km

Tag 10

Zeit: ________ Min

Distanz: _____ km

Tag 11

Zeit: ________ Min

Distanz: _____ km

Tag 12

Zeit: ________ Min

Distanz: _____ km

Tag 13

Zeit: ________ Min

Distanz: _____ km

Tag 14

Zeit: ________ Min

Distanz: _____ km

Tag 15

Zeit: ________ Min

Distanz: _____ km

Tag 16

Zeit: ________ Min

Distanz: _____ km

Tag 17

Zeit: ________ Min

Distanz: _____ km

Tag 18

Zeit: ________ Min

Distanz: _____ km

Tag 19

Zeit: ________ Min

Distanz: _____ km

Tag 20

Zeit: ________ Min

Distanz: _____ km

Tag 21

Zeit: ________ Min

Distanz: _____ km

Tag 22

Zeit: ________ Min

Distanz: _____ km

Tag 23

Zeit: ________ Min

Distanz: _____ km

Tag 24

Zeit: ________ Min

Distanz: _____ km

Tag 25

Zeit: ________ Min

Distanz: _____ km

Tag 23

Zeit: ________ Min

Distanz: _____ km

Tag 27

Zeit: ________ Min

Distanz: _____ km

Tag 28

Zeit: ________ Min

Distanz: _____ km

Tag 29

Zeit: ________ Min

Distanz: _____ km

Tag 30

Zeit: ________ Min

Distanz: _____ km

GESCHAFFT!

» Sei du selbst die Veränderung, die du dir wünschst für diese Welt.

MAHATMA GANDHI

DEIN Wandel
BEGINNT
BEI dir.

Jeden Tag
EINE GUTE TAT!

JEDEN TAG EINEM ANDEREN MENSCHEN EINE FREUDE BEREITEN UND DAMIT DIE WELT EIN KLEINES BISSCHEN BESSER MACHEN.

Andere glücklich zu sehen, macht uns glücklich. Oder? Diese Challenge geht sogar einen Schritt weiter und funktioniert so, dass wir das Glück durch Aufmerksamkeiten weitergeben, aber die Reaktionen darauf nicht zwangsläufig sehen müssen. Random Acts of Kindness, kurz RAOK, werden sie auch genannt. Eine Formulierung, welcher der amerikanischen Autorin Anne Herbert zugesprochen wird. Das Ausführen von gut gemeinten Taten genügt, um dich im Alltag zu beflügeln, gar zu motivieren. Wie heißt es doch so schön: Wie man in den Wald hineinruft, so schallt es auch zurück? Keine gute Tat bleibt ungesehen.

EINE LISTE GUTER TATEN:

☐ **1** Spendiere jemandem einen Kaffee.

☐ **2** Löse ein Ticket für die Straßen- oder U-Bahn und lasse es im Automaten liegen oder drück es einem anderen Fahrgast in die Hand.

☐ **3** Lege in einer Buchhandlung in ein Buch zum Thema Liebeskummer einen kleinen Zettel mit dem Spruch: „Alles wird gut!“

☐ **4** Gib einem Straßenmusiker etwas Geld und höre dir eine Weile seine Musik an.

☐ **5** Schreibe einem ehemaligen Lehrer von dir, der dich beeindruckt oder positiv geprägt hat.

☐ **6** Überrasche einen Kollegen an seinem Arbeitsplatz mit einer netten Klebezettel-Nachricht.

☐ **7** Mache einem fremden Menschen ein ernstgemeintes Kompliment.

☐ **8** Stelle ein gutes Buch (Vielleicht sogar dein Lieblingsbuch?) in einen öffentlichen Bücherschrank.

☐ **9** Schenke einem Obdachlosen einen Kaffee oder Tee und ein belegtes Brötchen.

☐ **10** Lächle an einem Tag mindestens 10 unbekannte Personen auf der Straße an.

☐ **11** Stecke deinem/n Nachbarn eine kleine Tüte selbst gebackener Kekse in den Briefkasten.

☐ **12** Spende etwas Geld an eine gemeinnützige Organisation oder gehe Blutspenden.

☐ **13** Schreibe einem lieben Menschen einfach so eine Postkarte.

☐ **14** Kaufe einen kleinen Blumenstrauß und stecke ihn in den Fahrradkorb eines parkenden Fahrrads.

☐ **15** Schreibe einen positiven Kommentar unter ein Facebook- oder Instagram-Posting.

☐ **16** Gib einer fremden Person ein Getränk aus und stoße mit ihm/ihr auf das Leben an.

☐ **17** Schreibe einer lieben Person die kurze Nachricht: „Ich musste gerade einfach so an dich denken. Hab einen schönen Tag!"

☐ **18** Gib ein ungewöhnlich großzügiges Trinkgeld.

☐ **19** Schreibe bei Amazon eine positive Kritik zu einem Buch, dass dir so richtig gut gefallen hat.

☐ **20** Falte im Zug oder im Bus aus einer Fahrkarte oder einem Werbeflyer einen Origami-Kranich und lasse ihn auf dem Sitz liegen.

☐ **21** Schicke einem Freund bzw. einer Freundin ein Foto aus alten Zeiten.

☐ **22** Bitte eine ältere Person darum, dir etwas aus seiner/ihrer Vergangenheit zu erzählen.

☐ **23** Sitte das Baby oder das Kleinkind von deinen Freunden oder Nachbarn.

☐ **24** Miste deinen Kleiderschrank aus und bring die Sachen zu einer Kleiderkammer. (Infos über Anlaufstellen findest du online)

☐ **25** Helfe jemandem in der Öffentlichkeit, der deine Hilfe gebrauchen könnte, sei es beim Einsteigen mit Kinderwagen in den Bus, die Treppe hinuntergehen oder beim Einkaufen.

☐ **26** Verschenke einen Lottoschein oder ein Rubbellos.

☐ **27** Backe für deine Kollegen und/oder Freunde einen Kuchen.

☐ **28** Geh mit einem Hund aus dem Tierheim spazieren.

☐ **29** Klebe eine Münze an einen Getränkeautomaten zusammen mit dem Spruch: „Lass dir einen ausgeben!"

☐ **30** Sage jemandem, den du liebst: „Ich liebe dich" oder „Ich hab dich lieb".

Danke FÜR DIE BLUMEN!

MACHE JEDEN TAG EINEM MENSCHEN EIN ERNSTGEMEINTES KOMPLIMENT. WANN DU WEM WELCHES KOMPLIMENT MACHST, IST EGAL.

Komplimente? Das sind doch bloß Floskeln und verschwendete Zeit. In der Tat gelten Deutsche eher als Komplimentmuffel, im Gegensatz zu Menschen aus südländischen Kulturen. Dabei tun uns Komplimente – in Maßen – richtig gut, sie stärken unser Selbstbewusstsein, spornen uns an, um noch mehr Lob zu erzielen, und bauen soziale Spannungen ab. Mal ehrlich: Ein ernstgemeintes, durch und durch zutreffendes Kompliment lässt niemanden kalt. Selbst, wenn der Gelobte äußerlich unbeeindruckt bleibt, wir alle suchen nach Anerkennung und können unsere Freude darüber nicht komplett verbergen, wenn sie uns jemand entgegenbringt.

TIPP

Italiener tragen eher dick auf. Deutsche wollen keine falsche Höflichkeit. Welche Art von Kompliment beim Gegenüber gut ankommt, ist oft in unserem kulturellen Hintergrund verankert. Am besten ist es vermutlich, wenn deine Worte so persönlich wie möglich sind.

HAKE JEDEN TAG EINES DER UNTEN STEHENDEN KOMPLIMENTE AB. SAGE JEMANDEM:

- ☐ „Ich bewundere Sie/dich für ________________ (Bewundernswerte Eigenschaft einsetzen!)."
- ☐ „Ohne Ihre/deine Unterstützung hätte ich das nicht geschafft!"
- ☐ „Sie sind/Du bist einfach toll!"
- ☐ „Wow, Sie sehen/du siehst heute echt klasse aus."
- ☐ „Danke für den tollen Service, mit dem ich hier immer rechnen kann."
- ☐ „Das haben Sie/hast du richtig gut gemacht!"
- ☐ „Auf Sie/dich kann ich mich immer verlassen!"
- ☐ „Ich liebe es, Gespräche mit Ihnen/dir zu führen!"
- ☐ „Bei Ihnen/dir fühle ich mich einfach wohl."
- ☐ „Seien Sie stolz/Sei stolz auf dich, Sie haben/Du hast in deinem Leben schon so viel erreicht!"
- ☐ „Sie sind/Du bist ein Vorbild für mich."
- ☐ „Ich bin beeindruckt, dass Sie das können/du das kannst."
- ☐ „Mir gefällt Ihr/dein ________________ (Jeweiliges Accessoire oder Kleidungsstück einsetzen!)."
- ☐ „Sie haben/Du hast eine unglaublich tolle Ausstrahlung."
- ☐ „Danke für die stets gute und kompetente Beratung!"
- ☐ „Die Zeit mit dir/Ihnen vergeht immer wie im Flug!"
- ☐ „Du machst/Sie machen die Welt ein kleines bisschen besser."
- ☐ „Wow, tolle Schuhe!"
- ☐ „Bei dir/Ihnen kann ich vollkommen ich selbst sein."
- ☐ „Du bist/Sie sind der Hammer!"
- ☐ „Ich kaufe immer unglaublich gerne hier ein!"
- ☐ „Ohne Sie/dich, wäre ich nicht das, was ich heute bin."
- ☐ „Schicker Bart!"
- ☐ „Ich bin froh, dass es dich/Sie gibt."
- ☐ „Sie sind/Du bist ein wertvolles Mitglied des Teams."
- ☐ „Ich hab so viel von Ihnen/dir gelernt."
- ☐ „Ihre/Deine Worte von damals waren sehr wertvoll für mich."
- ☐ „Ich liebe Ihren/deinen Stil!"
- ☐ „Sie sind/Du bist eine Inspiration für andere."
- ☐ „Bleib so, wie du bist/Bleiben Sie, wie Sie sind."

Lass was machen, *Schatz!*

Bring frischen Wind in deine Beziehung und mache jeden Tag etwas, dass euch gut tut.

Das Bauchkribbeln ist schon lange verflogen, die letzte Liebesbekundung ewig her und der Alltag verdrängt jegliche Romantik. Was zu Beginn einer Beziehung selbstverständlich erschien, versickert oft im Laufe der Zeit, kann aber durch einige Tricks

wiederbelebt werden. Selbst Liebe kann dem Druck von Job, Haushalt, Kindern und Co. nicht immer Stand halten und braucht hin und wieder Anstöße, die uns daran erinnern, was wir aneinander haben. Klingt unromantisch, ist aber absolut normal.

DAMIT KÖNNTEST DU DEINE PARTNERSCHAFT NEU AUFLEBEN LASSEN:

1. Sende ihm/ihr ein schönes Kompliment.
2. Organisiere einen gemeinsamen Tagesausflug.
3. Geht gemeinsam auf einen langen Spaziergang durch den Wald.
4. Gib ihm/ihr einen Kuss – einfach so!
5. Habt Sex am Morgen.
6. Gebt euch gegenseitig eine Massage.
7. Geht gemeinsam ausgiebig brunchen.
8. Frage sie/ihn nach ihrer/seiner schönsten Kindheitserinnerung.
9. Überrasche sie/ihn mit ihrer/seiner Lieblingssüßigkeit.
10. Duscht/Badet zusammen.
11. Sage ihr/ihm drei Dinge, die du an ihr/ihm liebst.
12. Geht zusammen auf ein Konzert.
13. Verstecke eine liebevolle Botschaft, in ihrem/seinem Mittagssnack.
14. Bringe ihr/ihm Frühstück ans Bett.
15. Schaut euch gemeinsam alte Fotos an.
16. Habt Sex an einem Ort, an dem ihr noch nie Sex hattet.
17. Schenke ihr/ihm eine nette Kleinigkeit.
18. Mache dich für sie/ihn richtig hübsch.
19. Geht gemeinsam ins Kino oder ins Theater.
20. Umarme sie/ihn ganz innig.
21. Repariere etwas für sie/ihn, was sie/er schon längst reparieren wollte.
22. Erinnert euch an euer Kennenlernen.
23. Haltet Händchen in der Öffentlichkeit.
24. Hinterlasse, bevor du zur Arbeit gehst, eine liebevolle Nachricht auf einem Klebezettel am Badezimmerspiegel.
25. Macht ein Selfie von euch, druckt es aus und rahmt es ein.
26. Verabredet euch auf einen Drink und kommt getrennt voneinander an.
27. Verbringt einen Tag gemeinsam komplett offline.
28. Macht Musik an und tanzt zusammen!
29. Geht irgendwo essen, wo ihr noch nie wart.
30. Sag ihr/ihm, wie sehr du auf sie/ihn stehst.

HINFALLEN,
AUFRAPPELN,
WEITERMACHEN.

Man muss das Unmögliche versuchen, um das Mögliche zu erreichen.
HERMANN HESSE

A *Movie* A DAY

WERDE CINEAST UND SCHAU DIR JEDEN TAG EINEN FILM AN.

Filme sind aus unserer Gesellschaft kaum mehr wegzudenken. Kindheit, Jugend, Studienzeit, Liebeskummer – kaum eine Lebensphase vergeht, ohne dass wir Filme als unsere Begleiter darin wiederfinden. Sie formen und verstehen uns. Bedenkt man, wie jung das Geschäft der Filmschaffenden ist und dass es kaum 100 Jahre her ist, dass man den Kinematographen erfand, kann man nur bewundernswert den Kopf schütteln, zu was für einer Kunstform der Film herangewachsen ist. Ein guter Film ist zeitlos und hat die Macht, in uns Emotionen aller Art hervorzurufen. Bei dieser Challenge kannst du ebenso neue Filme entdecken, aber vor allem sollst du dich an dir bekannte Werke erinnern und was sie für dich in der Vergangenheit bedeutet haben. Ganz sicher wirst du einige Filme ansehen, die du heute ganz anders verfolgst als in vergangenen Tagen.

STELLE DIR DEINE ULTIMATIVE FILMLISTE ZUSAMMEN UND SCHAUE EINE/N...

- [ ] **1** Fantasy-Film.
- [ ] **2** Lieblingsfilm aus deiner Kindheit.
- [ ] **3** Film, den du einmal geliebt hast, aber nun nicht mehr sehen kannst.
- [ ] **4** Abenteuerfilm.
- [ ] **5** Film, den du mit einem besonderen Menschen gesehen hast.
- [ ] **6** Film, den du in- und auswendig kannst.
- [ ] **7** Liebesfilm.
- [ ] **8** Film, den du für vollkommen überbewertet hältst.
- [ ] **9** Film, den du momentan als deinen Lieblingsfilm bezeichnen würdest.
- [ ] **10** Komödie.
- [ ] **11** Film, den du magst – was dir aber peinlich ist.
- [ ] **12** Film von deinem Lieblingsregisseur.
- [ ] **13** Film, der dich an einen besonderen Moment erinnert.
- [ ] **14** Horrorfilm.
- [ ] **15** Film mit deinem Lieblingsschauspieler.
- [ ] **16** Film, der in deinen Augen zu Unrecht schlecht bewertet wurde.
- [ ] **17** Film, bei dem du Rotz und Wasser weinen musst.
- [ ] **18** Film, der dein Leben am besten beschreibt.
- [ ] **19** Film mit deiner Lieblingsschauspielerin.
- [ ] **20** Thriller.
- [ ] **21** Film, den du magst – was aber keiner erwarten würde.
- [ ] **22** Film, den du im Kino gesehen hast.
- [ ] **23** Film, der deiner Meinung nach den besten Soundtrack hat.
- [ ] **24** deiner Lieblingsfilme vor genau einem Jahr.
- [ ] **25** Film, den du nur magst, wenn du betrunken bist.
- [ ] **26** Film, bei dem du laut lachen musst.
- [ ] **27** Klassiker.
- [ ] **28** Film, den du geliebt hast, als du volljährig wurdest.
- [ ] **29** Film für einen gemütlichen Nachmittag.
- [ ] **30** Blockbuster aus dem letzten Jahr.

Ist unsere Motivation stark und heilsam, können wir alles vollbringen.

DALAI LAMA

POSITIV DENKEN!

KEIN PLASTIK!

BYE-BYE, PLASTIK! VERSUCHE, EINEN MONAT LANG AUF PLASTIKPRODUKTE ZU VERZICHTEN.

Jeder Deutsche produziert etwa 37 Kilo Plastikmüll im Jahr. Puh, was für eine Hausnummer! Dabei sind bereits kleine, aber entscheidende Plastikverursacher im Alltag einfach zu ersetzen. Versuche bei dieser Challenge nicht auf Biegen und Brechen dein Leben komplett umzustellen. (Was beim kompletten Verzicht auf Plastik in der Tat der Fall wäre!) Natürlich sind kleine Ausnahmen erlaubt, zum Beispiel wenn man Medikamente einnehmen muss, die man nur in einer Plastikverpackung bekommt. Auch musst du nicht die Plastikprodukte wegschmeißen, die du schon besitzt, denn das wäre auch nicht Sinn der Sache. Ziel ist es, deinen Plastikabfall entscheidend zu reduzieren, dir über deinen Plastikkonsum bewusst zu werden und dir Fragen rund um das Thema Plastik zu stellen, z. B.: Wie lange braucht Plastik eigentlich bis es abgebaut wird?

DARAN KÖNNTEST DU IN DEINER PLASTIKFREIEN ZEIT DENKEN:

✓ Verwende für deinen Coffee to go einen Thermobecher statt einen aus Plastik.

✓ Benutze anstatt eines Seifenspenders Seife am Stück, die es auch ohne Plastikverpackung zu kaufen gibt.

✓ Nimm als Zahnbürste eine aus Bambus oder Miswak-Zweigen. Zahnseide gibt es aus Seide und Bienenwachs. Übrigens: Auch Toilettenpapier gibt es aus Bambus!

✓ Bewahre Schraubgläser von Einmachprodukten auf und verwende sie für deine Vorratshaltung.

✓ Verzichte auf Kosmetik-Artikel mit den Mikroplastik-Bestandteilen Polyethylen (PE), Polypropylen (PP), Polyamid (PA) und Polyethylenterephtalat (PET).

✓ Verwende anstatt Backpapier eine Dauerbackmatte.

✓ Verzichte auf Kaugummis und Bonbons.

✓ Bastle dir Müllbeutel aus Zeitungspapier.

✓ Klebe einen Aufkleber „Bitte keine Werbung" auf deinen Briefkasten, denn häufig bekommen wir in Folie verpackte Reklame.

✓ Benutze Plastiktüten, die du bereits besitzt, erneut, statt sie wegzuschmeißen.

16
6
25
28
9
1
10
20
19
15
2
5
23
11
8
17
29
21
26
4
14
12
7
22
24
18
30
27
3
13

30 TAGE

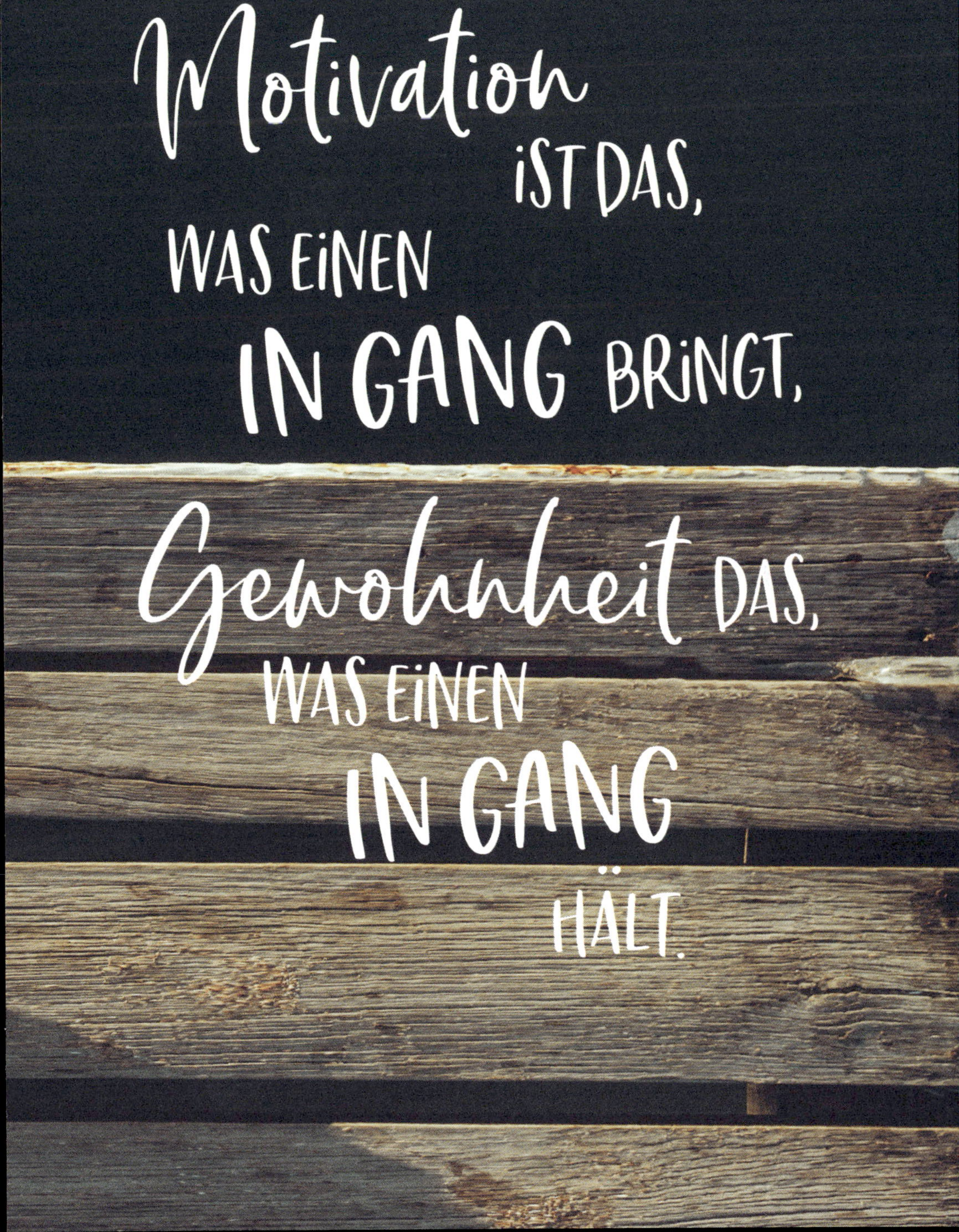
Motivation ist das,
was einen
in Gang bringt,
Gewohnheit das,
was einen
in Gang
hält.

FIT IN DEN TAG: Bauch

TSCHÖÖHÖÖ, IHR BAUCHFETTROLLEN: EINE ÜBUNG FÜR DEN BAUCH AM MORGEN SCHAFFT ABHILFE.

Und plötzlich war wieder Bikini-Saison und keiner hat dir vorher Bescheid gesagt. Na toll, und der eigene Bauch rollt sich bloß noch in zwei breite Würste, wenn man sich vorbeugt. Wer dauerhaft einen durchtrainierten Bauch haben möchte, kann schon mit einigen Minuten Sit-Ups jeden Tag die Bauchmuskulatur trainieren – und dabei noch die Verdauung anregen. Zieh es einen Monat jeden Morgen durch. Mach am besten auch Vorher-Nachher-Fotos von deinem Bauch, damit du dir den Unterschied vor Augen führen kannst.

SIT-UP – SO GEHT'S:

1 Leg dich auf den Rücken. Die Handflächen liegen am Hinterkopf, stützen diesen jedoch nicht.

2 Beine anwinkeln und die Füße auf den Boden setzen.

3 Nun aus der Rückenlage heraus ohne Mithilfe der Arme aufsetzen und wieder langsam zurück auf den Boden.

4 Mach einen Durchlauf, indem du diese Übung 12 bis 15 Mal wiederholst.

5 Kurz verschnaufen und dann noch zwei weitere Durchläufe mit je 12-15 Sit-Ups.

TIPP

Mit angehobenen Beinen sind Sit-Ups noch effektiver, da es schwerer ist Schwung zu holen. Auch kannst du deine Sit-Ups variieren, indem du beim Aufsitzen deinen Oberkörper nach rechts oder links drehst.

1	2	3	4	5
6	7	8	9	10
11	12	13	14	15
16	17	18	19	20
21	22	23	24	25
26	27	28	29	30

30 TAGE

FIT IN DEN TAG: *Beine*

GUTEN MORGEN, LIEBE BEINE, SEID IHR AUCH SCHON WIEDER DA? JA? ALLE BEIDE? MIT DIESER ÜBUNG STARTEN DU UND NATÜRLICH DEINE BEINE GUT IN DEN TAG.

Sie beschleunigen, wenn wir es mal wieder eilig haben, tragen uns wohin wir wollen und ohne sie wären wir – mehr oder weniger – aufgeschmissen. Damit deine Beine dich auch weiterhin durch die Welt tragen, sollte deine Muskulatur regelmäßig trainiert werden. Schwere Beine und Unbeweglichkeit beugt man gut mit einer simplen Übung vor, bei der deine Beine ruhig ein wenig schweben dürfen.

SCHWEBENDE BEINE ANZIEHEN – SO GEHT'S

1 Leg dich auf den Boden und strecke deine Beine lang vor dir aus.

2 Nun hebst du beide Beine an, sodass nur noch dein Oberkörper auf dem Boden liegt.

3 Ein Bein bleibt gestreckt in der Ausgangsposition. Das andere Bein wird jetzt gebeugt, sodass dein Fuß das Knie des jeweils anderen Beines berührt.

4 Das Bein wieder strecken und die Übung mit dem anderen Bein wiederholen. Beide Beine im Wechsel beugen und strecken.

TIPP

Du kannst Kopf und Schultern auch anheben und parallel dazu Crunches bzw. Sit-Ups machen. Dann trainierst du Bein- und Bauchmuskulatur gleichzeitig.

1	2	3	4	5
6	7	8	9	10
11	12	13	14	15
16	17	18	19	20
21	22	23	24	25
26	27	28	29	30

FIT IN DEN TAG: Po

WECKE DICH – UND NATÜRLICH DEINEN ALLERWERSTEN – JEDEN MORGEN MIT DEM AUSFALLSCHRITT.

Einen Großteil unseres Lebens sitzen wir. Nicht selten pennt uns das Hinterteil direkt unter uns weg, weil wir es zu wenig beanspruchen. Wer jeden Morgen mit dieser Übung für den Po startet, tut seinem Sitzfleisch etwas Gutes – und das wird man nicht nur sehen, sondern auch spüren.

DER AUSFALLSCHRITT – SO GEHT'S:

1 Beine hüftbreit aufstellen. Blick nach vorne.

2 Einen großen Schritt nach vorne machen und den Körper absenken. Beine in den Knien beugen. Achtung: Dein Knie darf nicht über die Fußspitze hinausgehen und der Oberschenkel sollte immer parallel zum Boden sein.

3 Drücke dich nun aus dem Ausfallschritt zurück in die Ausgangsposition. Anschließend machst du die Übung mit dem anderen Bein.

4 Wiederhole die Übung mindestens 12-15 Mal mit jedem Bein.

1	2	3	4	5
6	7	8	9	10
11	12	13	14	15
16	17	18	19	20
21	22	23	24	25
26	27	28	29	30

FIT IN DEN TAG: Arme

LIEGST DU NOCH ODER STÜTZT DU SCHON? BEGINNE JEDEN TAG MIT EIN PAAR LIEGESTÜTZEN. DEINE ARME WERDEN ES DIR DANKEN.

Ein paar schwere Einkaufstüten oder die Umzugskisten der besten Freundin: Wenn wir unsere Arme mal etwas mehr beanspruchen müssen, merken wir danach schnell, wie träge und schwer diese werden. Tägliche Liegestütze beugen dem vor. Positiver Nebeneffekt ist außerdem, dass du das sogenannte Winkefleisch am Oberarm deutlich reduzierst. Wer also brav trainiert, kann schon bald sagen: „Auf Nimmerwiedersehen, Winkefett! Seid gegrüßt, straffe Arme!"

LIEGESTÜTZE – SO GEHT'S:

1 Leg dich auf den Bauch und strecke deine Beine. Positioniere deine Handflächen parallel unter den Schultern auf dem Boden. Die Füße richten sich auf den vorderen Fußballen auf.

2 Drücke dich mit dem Blick zum Boden gerichtet hoch, bis deine Arme gestreckt bzw. nur noch leicht gebeugt sind. Dein Körper sollte eine gerade Linie bilden und die Hüfte sollte nicht durchhängen.

3 Nun werden die Arme wieder gebeugt und der Körper – wenn möglich – so weit hinunter, bis dein Brustkorb fast den Boden berührt.

4 Achte darauf, dass du deinen Po nicht nach oben drückst. Dein Körper sollte gerade bleiben.

TIPP

Wer nicht genug Kraft in den Beinen hat, oder seine Knöchel schonen will, kann die Liegestütze wahlweise auch auf den Knien machen.

1	2	3	4	5
6	7	8	9	10
11	12	13	14	15
16	17	18	19	20
21	22	23	24	25
26	27	28	29	30

FIT IN DEN TAG: Rücken

STÄRKE DEINE RÜCKENMUSKULATUR DURCH TÄGLICHE ÜBUNGEN.

Lang lang ist's her, dass sich der Mensch von allen Vieren auf bloß zwei Beine aufrichtete und sein Blickfeld erweiterte. Allerdings ist das Rückgrat von Natur aus rund gebogen und das Gewicht drückt uns nun auf die Bandscheibe. Zum Glück ist alles, was wir brauchen ein ordentliches Muskelkorsett, das uns aufrecht hält und auch weiterhin im aufrechten Gang durch die Welt trägt.

DARAUF SOLLTEST DU IM ALLTAG ACHTEN:

- **SITZ RICHTIG!** Vor allem wenn du ein Bürohengst bist, solltest du immer wieder aufs Neue kontrollieren, ob dein Stuhl und deine Bildschirmhöhe ordnungsgemäß eingestellt sind.
- **STRECK DICH!** Rückenübungen und ein schlichtes genüssliches Strecken in der Mittagspause oder zwischendurch beugen Rückenschmerzen vor.
- **RICHTIG HEBEN!** Immer in die Hocke gehen und aus den Armen heben, wenn du schwere Gegenstände anhebst.

KATZENBUCKEL – SO GEHT'S:

1 Geh in den Vierfüßlerstand. Der Rücken sollte in der Ausgangsposition gerade sein.

2 Nun rollst du deine Wirbelsäule langsam auf und machst den Rücken so rund wie möglich. Der Kopf sinkt Richtung Boden.

3 Kurz halten, in die Ausgangsposition zurück und die Übung mindestens 12 Mal wiederholen.

1	2	3	4	5
6	7	8	9	10
11	12	13	14	15
16	17	18	19	20
21	22	23	24	25
26	27	28	29	30

30 TAGE

Lass dich
nicht gehen,
geh selbst.

MAGDA BENTRUP

ES GEHT
NICH DARUM,
DER ODER DIE
Beste
ZU SEIN.
ES GEHT DARUM,
besser als gestern
ZU SEIN.

Sonnengruß

BEGINNE JEDEN MORGEN MIT DEM SONNENGRUSS. VERLEIHE KÖRPER UND GEIST DADURCH MEHR ENERGIE FÜR DEN TAG.

Die Ruhe vor dem Sturm. Eine Weile Abstand gewinnen vom bevorstehenden Büroalltag oder dem lauten Familienleben. Das körperliche und geistige Abschalten durch den einfachen Ablauf von Bewegungen kann eine ungemeine Wirkung auf unsere innere Balance haben. Wer jeden Morgen den neuen Tag mit dem Sonnengruß willkommen heißt (und eventuell sogar anderen Yoga-Übungen), schafft eine gute Grundlage.

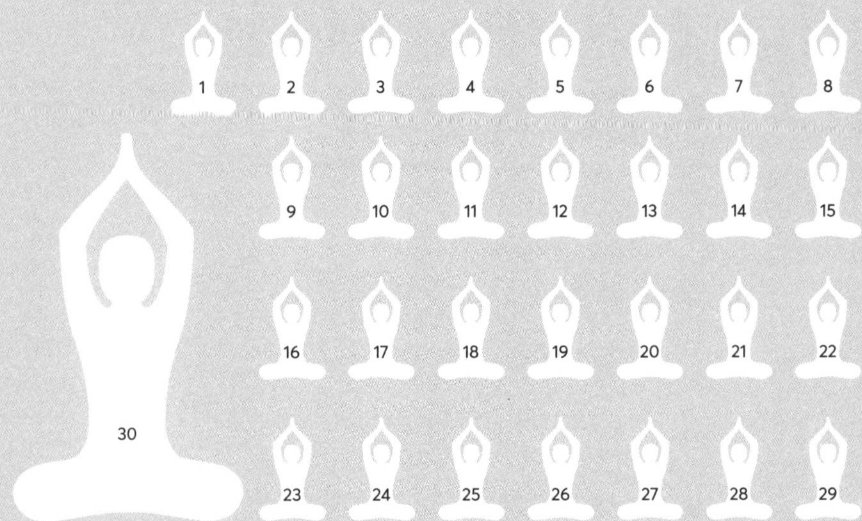

SURYA NAMASKAR

DER SONNENGRUSS

…gilt als die wichtigste Aufwärmübung im Yoga und besteht aus einem Ablauf von 12 Körperstellungen (beim Yoga Asanas genannt), welche relativ zügig aufeinanderfolgen. Die Geschwindigkeit ist jedem selbst überlassen. Ausschlaggebend ist die Koordination der Atmung. Der Gruß ist nach dem hinduistischen Sonnengott Surya benannt.

CLEAN Eating

VERSUCHE EINEN MONAT LANG DEINEN ERNÄHRUNGSPLAN NACH DEN PRINZIPIEN DES CLEAN EATING AUSZURICHTEN.

WAS IST CLEAN EATING?

Keine künstlichen Zusätze, keine verarbeiteten Lebensmittel, alles frisch, alles naturbelassen, alles unverfälscht. Au revoir, Konservierungsstoffe, Farbstoffe, Geschmacksverstärker, Säuerungsmittel, Aromen und Co! Wer clean (englisch für „sauber") essen will, der sagt sich von allem los, was die industrielle Produktion heutzutage in unsere Nahrungsmittel donnert. Aber: Im Grunde ist alles auf dem Speiseplan erlaubt, solange es naturrein ist.

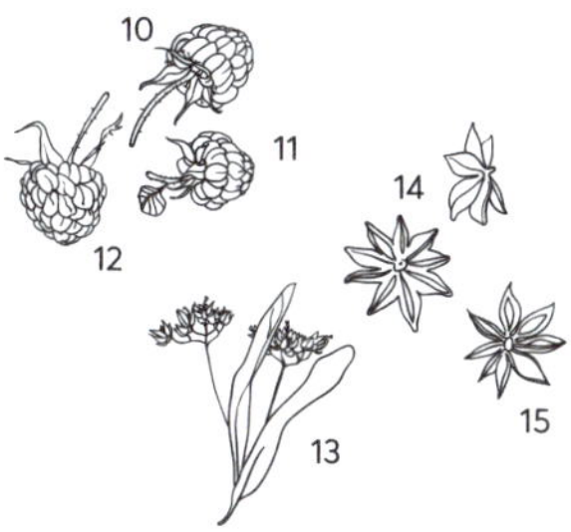

Die Idee des Clean Eating ist bei Weitem nicht neu. Manche essen Bio, manche nennen es einfach „bewusst Essen". Der Unterschied zum Clean Eating ist das ausdrückliche Weglassen von behandelten Lebensmitteln und die Auseinandersetzung mit der Frage: Was zum Geier essen wir da eigentlich wirklich?

DAS KÖNNTEST DU BEIM CLEAN EATING BEACHTEN:

- Iss Produkte aus der Region.
- Richte deine Einkaufliste nach dem Gemüse und Obst der aktuellen Saison.
- Iss frisch und vollwertig!
- Kaufe Bio!
- Stell dein Essen selbst her (z.B. Brot)!
- Finger weg von Fertigprodukten!
- Lerne wie man Zutatenlisten liest!

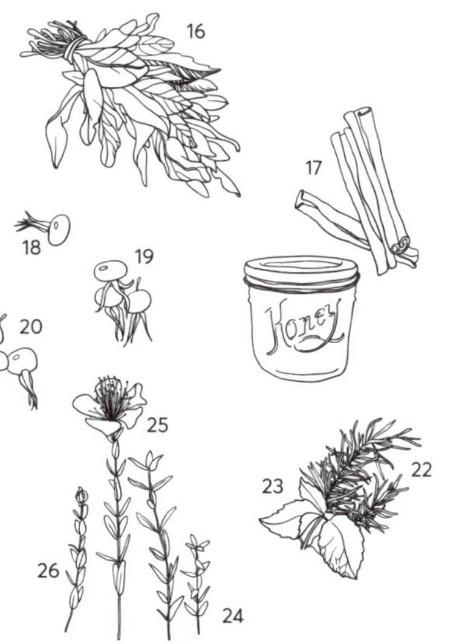

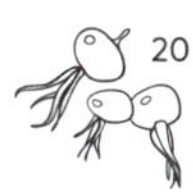

Coloriere jeden Tag ein Gewürz oder Nahrungsmittel um deinen Erfolg festzuhalten.

LOW CARB

VERBANNE KOHLENHYDRATE VON DEINEM ERNÄHRUNGSPLAN.

WAS IST LOW CARB?

Low Carb (engl. ‚wenig Kohlenhydrate') bezeichnet eine Diät, bei der gänzlich oder teilweise auf Lebensmittel mit Kohlenhydraten verzichtet wird. Eiweiß- und fettreiche Nahrungsmittel können hingegen nahezu unbegrenzt verzehrt werden. Vor allem vom Verzehr von Kohlenhydraten am Abend sollte für eine erfolgreiche Diät abgesehen werden.

Wer eine Diät macht, will am Ende doch eigentlich nur abnehmen. Richtig? Nein, nicht zwangsläufig. Auch das allgemeine Wohlbefinden soll gesteigert werden. Die Low-Carb-Diät zielt jedoch primär auf die kurzfristige Verbrennung von Körperfett und auf schnell sichtbare Ergebnisse ab, daher steht das Abnehmen in diesem Fall tatsächlich im Vordergrund. Fakt ist auch: Wenn wir uns auf die Waage stellen und ein paar Kilo weniger auf den Hüften haben, freuen wir uns wie die Schneekönige. Warum also nicht mal für eine Weile auf den Low-Carb-Zug aufspringen und unserem Selbstbewusstsein einen kleinen Knuff geben?

DAS DARFST DU NAHEZU UNBEGRENZT ESSEN:

- Fleisch (ohne Marinade oder Panade)
- Milch- und Milchprodukte
- Eier
- Fisch und Meeresfrüchte
- Gemüse
- Obst, das wenig Fruktose enthält (z.B. Beeren, Avocado, Honigmelone)

DAVON SOLLTEST DU DIE FINGER LASSEN:

- Brot und Backwaren
- Reis, Nudeln und Kartoffeln
- Haferflocken
- Süßigkeiten
- Zucker
- Honig
- Alkohol

Heut

HAB ICH **APPETIT**

MEIDE EINEN MONAT LANG EIN GANZ BESTIMMTES NAHRUNGSMITTEL, AUF DAS DU ÜBLICHERWEISE **NICHT** VERZICHTEN WÜRDEST.

▶ **SO GEHT'S:** Wähle dir maximal 2 bis 3 Lebensmittel aus, auf die du mindestens 30 Tage verzichtest. Mehr müssen es gar nicht sein! Achte darauf, dass es tatsächlich Nahrungsmittel sind, die du auf jeden Fall vermissen wirst. Bei der Auswahl kannst du sowohl fertige Produkte, wie Pizza, bestimmte Süßigkeiten bzw. süßes Gebäck, aber auch grundlegende Nahrungsmittel, wie Fleisch, Käse oder Brot, in Betracht ziehen. Die Hauptsache ist, dass du bewusst darauf verzichtest.

► SELBSTKONTROLLE IST ÜBUNGSSACHE

Und wie könnte man diese am besten trainieren, indem man vorübergehend auf etwas verzichtet, das man sonst im Küchenschrank stehen hat? Wer 30 Tage auf ein Nahrungsmittel verzichtet, dass er lange nicht mehr entbehren musste, entdeckt ein Gefühl wieder, dass uns heutzutage nur noch gelegentlich ereilt: Appetit auf etwas. (Nicht zu verwechseln mit Hunger!) Appetit und die Lust auf ein bestimmtes Lebensmittel verspürt man nämlich in unserer Welt, in der wir uns alles zu jeder Zeit und in jedem Umfang kaufen oder sogar bis zur Haustür liefern lassen können, eher selten.

Kringel die geschafften Tage mit einem roten Stift ein!

27 1 9 12 17 27
19 18 7 24
16 8 14 13 5 22
10 3 11 30
15 20 26 2
23 4 6 19 28
25 21 29

Das kann ich allein

VERLASS DICH MAL WIEDER AUF DICH SELBST. WIE? VERSUCH DIE DINGE SELBST ZU BEWÄLTIGEN, BEVOR DU UM HILFE FRAGST UND PLANE WÖCHENTLICH ETWAS EIN, DAS DU ALLEIN UNTERNIMMST.

Abenteuer Alleinsein! Alleinsein? Jawohl, Alleinsein! Gönn dir mal ein bisschen Zeit mit dir selbst und unternimm etwas Schönes – ohne Begleitung. Manchmal ist es äußerst erfrischend keinen Gesprächspartner dabei zu haben. Aber: Diese Challenge hat zwei Gesichter. Es geht nicht nur darum, schöne Dinge allein zu erleben, sondern auch Herausforderungen im Alltag eigenständig zu bewältigen. Das Regal aufhängen, dass schon ewig in der Ecke steht, dir die Haarspitzen schneiden oder vielleicht mal deine Steuererklärung selbst machen. Hier weißt du wohl selbst am besten, vor welchen Herausforderungen im Alltag du dich sonst immer drückst und denen du nun gegenübersteht und sagst: „Ha, das schaff ich schon allein!"

Das könntest du allein unternehmen:

**• Ins Kino oder Theater gehen • Ein Museum besuchen
An einer Stadtführung teilnehmen • Bei einem Konzert tanzen
Spazieren oder wandern gehen • Shoppen • Mittagessen
Ein Eis essen • Im Park liegen**

Schaff die 30 HELDEN-Fäuste!

Danke

SEI DANKBAR UND SAG ODER ZEIGE DIES AUCH DEN MENSCHEN IN DEINEM LEBEN.

Die kleinen Momente der Ruhe, nette Kollegen, eine liebevolle Familie oder ein großer Becher Vanilleeis mit Schokostreuseln und Extrasahne. Es gibt so vieles für das man dankbar sein sollte. Leider vergessen wir das zu oft. Sei jeden Tag für mindestens eine Sache bewusst dankerfüllt und teile dies auch deiner Umwelt mit. Falls dein Dank einer bestimmten Person gilt, zeige dich bei dieser erkenntlich. Du kannst auch eine Liste von allem schreiben, für das du dankbar bist.

Danke, Thank you und Merci! Dankbarkeit hat viele Sprachen. Sie kann fernab der Worte auch mit Gesten und kleinen Aufmerksamkeiten ausgedrückt werden. Und das sollte sie auch, denn (wirklich) jeder empfindet es als etwas Schönes, wenn man ihm dankt. Anerkennung bringt schließlich jeden zum Lächeln oder gar Erröten. Die Art wie du anderen Menschen dankst, bleibt natürlich dir überlassen. Du kannst einen Dankesbrief verfassen oder selbstverständlich auch ein Geschenk überbringen. Wichtig ist nur, dass du deine Mitmenschen wissen lässt, für was du ihnen dankst.

WEM DU MAL "DANKE" SAGEN KÖNNTEST:

- Den **Mitarbeitern von der Stadtreinigung**, die regelmäßig und zuverlässig deinen Abfall einsammeln.
- Deinen **Nachbarn**, die immer deine Blumen gießen, wenn du im Urlaub bist.
- Deinen **Bürokollegen**, die dir jedes Mal einen Kaffee aus der Küche mitbringen.
- Deinen **Eltern**, weil sie – naja – deine Eltern sind
- Einem **Kellner**, der besonders freundlich und zuvorkommend war.
- Dem **Postboten**

DAFÜR KANNST DU DANKBAR SEIN:

- **Waschmaschine, Gefrierschrank und Co.** Man kann sich kaum vorstellen, wie viel Hausarbeit früher an Zeit gekostet hat.
- **Lieferservice**
- Heute keine Lust zum Einkaufen? Es leben die **Online-Shops**.
- **Sonnige Tage** Zurücklehnen und genießen.
- **Ein gutes Buch oder ein guter Film** Sind heutzutage schwerer zu finden als man glaubt. Sei also froh, wenn du etwas Gutes findest.
- **Ausschlafen** Einfach mal liegenbleiben und dankbar dafür sein.

Du findest bestimmt mehr als 30 Dankeschön!
Für den Anfang: streiche für jedes MERCI hier eins durch.

WACHSE
ÜBER DICH
HINAUS ...
jetzt!

Nichts spornt mich
mehr an als die drei Worte:
Das geht nicht.

HARALD ZINDLER

KREATIVITÄT IST **GRENZENLOS**

VERSUCHE DICH EINEN MONAT LANG AN MINDESTENS 15 VERSCHIEDENEN KREATIVEN TECHNIKEN.

SO GEHT'S:

1) Mache eine Liste von allen kreativen Hobbys und Techniken, die du schon einmal ausprobieren wolltest.

2) Lege fest, wann und für wie viele Tage du dich mit jeweils einer Technik beschäftigen möchtest.

3) Organisiere dir für jede Technik im Vorfeld eine Grundausstattung. Damit du darauf am Ende nicht unnötig sitzen bleibst, versuche dir Zubehör von Freunden zu leihen oder belege einen Schnupperkurs.

4) Arbeite an kleinen einfachen Projekten, die schnell umzusetzen sind und lies außerdem etwas über die Geschichte bzw. die Herkunft jeder Technik.

5) Entscheide dich am Ende des Monats, mit welcher Technik du dich näher auseinandersetzen willst.

IDEEN FÜR BELIEBTE KREATIVE HOBBYS:

- ★ *Stricken*
- ★ *Häkeln*
- ★ *Nähen*
- ★ *Zeichnen*
- ★ *Aquarellmalerei*
- ★ *Handlettering*
- ★ *Mosaik legen*
- ★ *Decoupage und Serviettentechnik*
- ★ *Holzschnitzerei*
- ★ *Schweißen*
- ★ *Töpfern & Keramik*
- ★ *Origami*
- ★ *Gedichte schreiben*
- ★ *Collagieren*
- ★ *Cartoons zeichnen*
- ★ *Emailing*

Eine ist deine. Aber welche? Wem Zeichnen, Stricken, Handlettering und der Rest des Kreativuniversums bis dato fremd geblieben ist, kann sich bei dieser Challenge austoben. Falls du zu der Spezies der kreativen Unentschlossenen gehörst, solltest du alles ausprobieren, was dich auch nur ansatzweise anspricht. Hab vor allem keine Scheu experimentierfreudig zu sein. Ebenso wie in der Liebe, können wir nicht immer voraussagen, für welches kreative Hobby unser Herz schlägt.

KREATIV
DURCH DEN TAG
ZEICHNEN

OB MIT BLEISTIFT ODER TUSCHE: ZEICHNE JEDEN TAG!

Mit Bildern kannst du oft ausdrücken, wofür dir die Worte fehlen. Versuche jeden Tag Zeit zum Zeichnen einzuplanen. Du musst nicht jeden Tag ein neues Zeichenmotiv wählen, sondern kannst natürlich auch über mehrere Tage an derselben Zeichnung arbeiten.

Darauf solltest du achten:

- Messe dich nicht mit den Werken anderer! Das frustriert nur.
- Als Anfänger solltest du mit einfachen Objekten beginnen, bei denen du die Grundformen (Kugel, Dreieck, etc.) leicht erkennst.

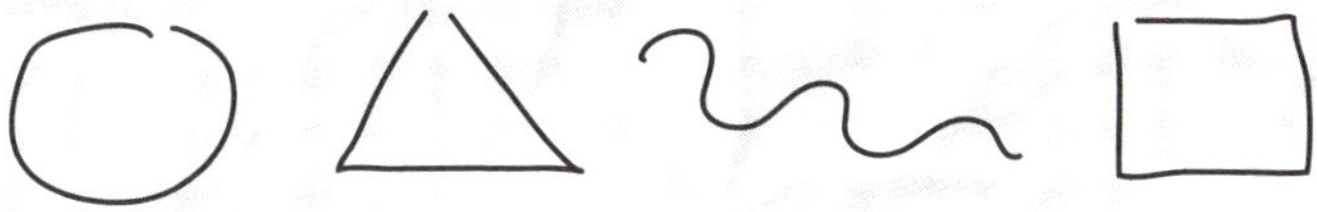

- Lerne sehen! Sieh dir dein Motiv genau an und präge es dir ein.
- Material ist irrelevant! Zumindest in der Skizzen- und Lernphase ist es gleich, wie kostspielig dein Bleistift war. Zu Beginn geht es erst einmal darum, ein Gefühl dafür zu bekommen, wohin die Reise auf dem Papier überhaupt gehen soll.
- Höre rechtzeitig auf, an deiner Zeichnung zu arbeiten! Oft ist man derart in Details vertieft, dass man zu spät merkt wie das gesamte Bild darunter leidet. Lieber den Stift beiseitelegen und später weitermachen.
- Lass deinen Gedanken freien Lauf! Kritzeln und zeichnen hilft dir dabei.

RANDNOTIZ
Selbst, wenn du zu Beginn das Gefühl hast, dass du viele Zeichnungen bloß kopierst und nichts Eigenes erschaffst: Hab Geduld! Fingerfertigkeit will geübt sein. Jede Zeichenübung – so unnötig sie dir vorkommen mag – bringt dich weiter. Auch deine Hand muss sich an das Hobby Zeichnen gewöhnen.

KREATIV DURCH DEN TAG *Nähen*

AUCH KLEINES IST FEINES: SETZE DICH TÄGLICH AN NÄHPROJEKTE MIT WENIG AUFWAND!

Ideen für kleine Nähprojekte:

1. Kosmetiktasche
2. Jute-Beutel
3. Loopschal
4. Beanie-Mütze
5. Buchumschlag
6. Nadelkissen
7. Kissenbezug
8. Stoffherzen oder -sterne
9. Stiftetui
10. Schlüssel-anhänger
11. Schlafmaske
12. Haarband
13. Etui fürs Note-book oder den E-Reader
14. Tasche für Wäsche-klammern
15. Babydecke
16. Handy-Tasche
17. Shopper
18. Stulpen
19. Untersetzer
20. Armband
21. Servietten
22. Pantoffeln
23. Brillenetui
24. Schnullerkette
25. Kuscheltier
26. Ball
27. Handtasche
28. Lavendel-säckchen
29. Küchenschürze
30. Filzschale

Was möchtest du diesen Monat nähen? Liste 5 bis 10 Wunschprojekte auf:"

1 ______

6 ______

2 ______

7 ______

3 ______

8 ______

4 ______

9 ______

5 ______

10 ______

Das Schönste am Nähen ist doch, dass man nicht nur sich, sondern auch andere damit glücklich machen kann – und das mit recht wenig Aufwand. Ein Loopschal, eine Mütze oder ein Schlüsselanhänger: Wer sich einen Monat lang bei Nähprojekten austobt, die kaum Zeit (und Stoff) in Anspruch nehmen, geht nicht nur seiner Leidenschaft fürs Nähen nach. Er wird außerdem bald viele selbstgemachte Aufmerksamkeiten zum Verschenken in petto haben.

KREATIV
DURCH DEN TAG
Stricken

VORM FERNSEHER ODER VIELLEICHT IN EINER STRICKGRUPPE? EGAL, WO: STRICKE JEDEN TAG!

Kreative Tätigkeiten wie Stricken halten unser Gehirn fit. Wer also keine Rätsel mag, aber dennoch ein bisschen Gehirnjogging betreiben will, tut gut daran, die Stricknadeln klackern zu lassen. Noch dazu wirkt Stricken äußerst beruhigend. Die kontinuierliche und gleichmäßige Handbewegung beim Stricken senkt den Adrenalinspiegel und baut sogar Stress ab.

Es muss nicht immer aufwendig sein

Wähle für deinen Strickmonat nicht zwangsläufig die schwierigsten Anleitungen aus (Vor allem nicht als Anfänger!). Versuche eher Projekte zu finden, bei denen du dich entspannen kannst und weniger welche, die dich zur Verzweiflung treiben. Bei dieser Strick-Challenge stehen die handwerkliche Routine und deine Entspannung im Vordergrund. Du solltest dich beim Stricken unterhalten oder gar einen Film dabei schauen können. Einfache Strickprojekte könnten z.B. sein:

- (Maxi-)Schal
- Tagesdecke
- Mütze
- Poncho
- Kissenbezug
- Bezug für einen Pouf
- Loop
- Triangle Schal
- Weste
- Stirnband mit Twist

Heute schon gestrickt?

Tag 1 | Tag 2 | Tag 3 | Tag 4 | Tag 5 | Tag 6 | Tag 7 | Tag 8 | Tag 9 | Tag 10

Tag 11 | Tag 12 | Tag 13 | Tag 14 | Tag 15 | Tag 16 | Tag 17 | Tag 18 | Tag 19 | Tag 20

Tag 21 | Tag 22 | Tag 23 | Tag 24 | Tag 25 | Tag 26 | Tag 27 | Tag 28 | Tag 29 | Tag 30

KREATIV **DURCH DEN TAG** *Häkeln*

TAG FÜR TAG, MASCHE FÜR MASCHE: STARTE EINEN EINMONATIGEN HÄKEL-MARATHON!

PLANE DEINEN MARATHON

Einen Monat soll sich bei dir alles um die Häkelmaschen drehen. In der U-Bahn, im Wartezimmer beim Arzt, auf der Couch, am Frühstückstisch oder in der Mittagspause – häkle, wann immer du kannst. Plane auch im Voraus, was du in welcher Reihenfolge häkeln willst. Doch: Setze dir realistische Ziele. Es wäre frustrierend, wenn du an deinen Projekten scheiterst.

Anders als beim Stricken hat gehäkeltes Gewebe den Vorteil, dass es relativ fest und ziemlich robust ist. Topflappen, Kinderdecken oder warme Mützen werden daher oft gern gehäkelt statt gestrickt. Ähnlich wie beim Stricken wird Häkeln auch rasch zum Suchtfaktor. Noch eine Masche und noch eine und noch eine: Ratzfatz ist man dem Maschenwahn verfallen. Wer jeden Tag häkelt, entdeckt aber auch die innere Ruhe, die das Häkeln einem schenkt. Lass deine Häkelzeit zu einer Zeit werden, auf die du dich jeden Tag freuen kannst.

Auf zum Häkel-Marathon!

TIPP

Veranstalte eine Häkelgruppe, z.B. am Wochenende, bei der du mit Häkelinteressierten Freunden oder Bekannten zusammenkommst. Arbeitet gemeinsam an einem Projekt, wie etwa einer Patchwork-Decke.

30-Tage-Schreibfieber

HOCH DIE STIFTE! SCHREIBE TÄGLICH EIN PAAR ZEILEN ZU EINEM BESTIMMTEN THEMA.

Worüber du schreiben könntest:

1) Deine Ziele für die nächsten 30 Tage
2) 10 Fakten über dich
3) Die erste Erinnerung deines Lebens
4) Zitate, nach denen du lebst (oder es zumindest versuchst)
5) Etwas, das dich zurzeit beschäftigt
6) Formuliere einen Brief an jemanden – egal, wen!
7) Eine Lektion im Leben, die du gelernt hast
8) Einen Witz, der dich zum Lachen bringt
9) 3 schöne Erinnerungen an deine Kindheit
10) 6 Dinge, die dich glücklich machen
11) Dein aktueller Beziehungsstatus
12) Denke an ein Wort. Google es und schreibe etwas über das fünfte Bild, das du bei den Suchergebnissen siehst.
13) Ein Lied, das dich kürzlich ergriffen hat – und weshalb?
14) Jemanden, der dich fasziniert oder den du bewunderst
15) Einen Ort, an dem du gerne leben würdest
16) 5 deiner schlimmsten Ängste
17) Wo du dich in 8 Jahren siehst
18) 3 merkwürdige Angewohnheiten, die du hast
19) Deine Erinnerung an deinen 18. Geburtstag
20) Deine Lieblingsfarbe
21) 3 Songs, die du immer hören kannst
22) Deine morgendliche Routine
23) Dein erster Kuss
24) Das Pro und Contra von Social Media
25) 5 Dinge, die dich auf die Palme bringen
26) Etwas, das du deinen eigenen Kindern raten würdest
27) Ein Lebensmittel, das du verabscheust, und warum
28) Einen Gegenstand, den du zufällig im Raum stehen siehst
29) Deine Hochs und Tiefs für den vergangenen Monat
30) Etwas, dass du schon immer einmal ausprobieren wolltest

So geht's: Organisiere dir ein fesches Notizbuch für diese Challenge, in welchem du alle Gedanken während der folgenden 30 Tage festhalten kannst. Notiere so viel wie du möchtest zu den links aufgeführten Themen (Ergänze nach Belieben!). Reflektiere, protokolliere und schreibe, was der Stift hergibt!

Assoziatives Schreiben ist eine wunderbare Möglichkeit, um mehr über dich und deine eigenen (womöglich sogar verborgenen) Ansichten herauszufinden. Du weißt nie, wohin die Spitze deines Stiftes dich führt. Wer einfach mal drauflosschreibt, schreibt sich nicht nur frei, sondern wird außerdem im Papier einen unerwarteten Freund finden. Einen Verbündeten, der – in der Regel – jedes Geheimnis für sich behält.

Das Business Outfit

KAUF DASSELBE BÜRO-OUTFIT MEHRMALS UND SPAR DIR DEN MORGENDLICHEN KLEIDERSTRESS.

SO GEHT'S:

1) Plane eine Kleiderkombi fürs Büro, z.B. dunkle Hose und blaue Bluse.

2) Du solltest diese Kleiderwahl mindestens zweimal im Kleiderschrank hängen haben.

3) Trage dieses Outfit an jedem Tag, an dem du zur Arbeit fährst.

Viele von uns (angeblich eher Frauen) verbringen einfach viel zu viel Zeit, um sich vor dem Kleiderschrank die eine (lebens-)wichtige Frage zu stellen: Was zieh ich heute bloß an? Manch einer, der täglich im Büro am Schreibtisch hockt, wird vielleicht sogar hin und wieder neidisch, wenn er Angestellte mit fester Kleiderordnung, z.B. im Einzelhandel, erspäht. Naja, wer die Qual hat, hat die Wahl. Wer sich der Klamottenqual für eine Weile entziehen will, dem wird diese Challenge unter die Arme greifen. Ziel ist es eine modische Grenze zwischen Büro- und Privatleben zu ziehen. Wer weiß, womöglich wirst du deinen privaten Modegeschmack noch einmal anders definieren, wenn du diese beiden Bereiche strikt trennst.

30 TAGE

Heute träum ich

FÜHRE EIN TRAUMTAGEBUCH, IN DAS DU JEDEN TAG DIE ERINNERUNGEN AN DEINE TRÄUME FESTHÄLTST.

Tag 1 Tag 2 Tag 3 Tag 4 Tag 5

Tag 6 Tag 7 Tag 8 Tag 9 Tag 10

Tag 11 Tag 12 Tag 13 Tag 14 Tag 15

Tag 16 | Tag 17 | Tag 18 | Tag 19 | Tag 20

Tag 21 | Tag 22 | Tag 23 | Tag 24 | Tag 25

Tag 26 | Tag 27 | Tag 28 | Tag 29 | Tag 30

Sie sind immer ein wenig abstrakt, aber sie gehören uns und nur uns: Unsere Träume. Mehrere Stunden träumen wir angeblich in unserem Schlaf, aber erinnern können wir uns in der Regel nur an einen Bruchteil. Weshalb wir träumen, damit beschäftigt sich die Traumforschung schon seit Langem und liefert diverse Erklärungsansätze. Eines scheint aber klar: Unser Gehirn verarbeitet und spiegelt alles, was wir im Wachzustand aufnehmen. Nimm dir also die Zeit für die wenigen Traumbrocken, an die du dich erinnern kannst. Es muss nicht immer sinnvoll sein, was unsere Träume uns mitteilen, aber es ist zweifelsohne ein Teil von uns.

In Wirklichkeit spiegelt die Kunst den Beschauer, nicht das Leben. Oscar Wilde

Spott vertreibt die Liebe nicht. J.W.v. Goethe

AH, EIN **APHORISMUS!**

FÜHRE DIR TÄGLICH MINDESTENS EINEN APHORISMUS ZU GEMÜTE, DER DICH ZUM KRITISCHEN NACHDENKEN BRINGT.

SUCHE NICHT ANDERE, SONDERN DICH SELBST ZU ÜBERTREFFEN. Marcus Tullius Cicero

Die Welt muss romantisiert werden. So findet man den ursprünglichen Sinn wieder. Novalis

LEBEN UND LEBEN LASSEN. F. Schiller

APHO - WAS?

Kurz und schlagkräftig. Ein in sich geschlossener Gedanke oder Sinnspruch, welcher aus wenigen Sätzen oder gar nur einem einzigen besteht, nennt man Aphorismus. Er vermittelt prägnant und auf den Punkt gebracht eine Lebensweisheit oder eine Erkenntnis. Oft sind sie paradox und überspitzt formuliert. Seit dem 20. Jahrhundert werden sie sogar als eigenständige Prosagattung anerkannt.

Beginne Deine Sammlung hier:

Das Leben besteht aus Blickwinkeln und wir sollten versuchen, so viele wie möglich davon nachzuvollziehen. Erst so erweitern wir unser Verständnis, nicht nur für unsere Mitmenschen, sondern auch für das Leben an sich. Eine ordentliche, knappe Lebensweisheit pro Tag genügt schon, um in uns die (gedanklichen) Steine ins Rollen zu bringen und um über die Erkenntnisse hinauszudenken, die wir bereits innehaben. Oder um es mit einem Aphorismus auszudrücken: Man lernt nie aus!

Kurzgeschichte

SETZE DICH MIT DEM THEMA KURZGESCHICHTEN AUSEINANDER UND VERFASSE SOGAR SELBST EINE.

❶ Beschäftige dich mit der literarischen Prosaform ‚Kurzgeschichte'. Wie ist sie entstanden? Was sind ihre Merkmale?

❷ Lies mindestens zwei klassische und zwei zeitgenössische Kurzgeschichten. Hier findest du eine Auswahl:

LESETIPPS FÜR KLASSISCHE KURZGESCHICHTEN

„Die Ermordung einer Butterblume" von Alfred Döblin
„Das Brot" von Wolfgang Borchert
„Das Fenstertheater" von Ilse Aichinger
„Der glückliche Prinz" von Oscar Wilde
„Das verräterische Herz" von Edgar Allen Poe

BUCHTIPPS FÜR ZEITGENÖSSISCHE KURZGESCHICHTEN

„Keine Ahnung" von Karen Duve
„Liebes Leben" von Alice Munro
„Sommerhaus" von Judith Herman

❸ Entwirf und schreibe deine eigene Kurzgeschichte. Lass deinen Text immer wieder eine Weile ruhen und gewinne Distanz zu deinen eigenen Worten. So bleibst du objektiv in deiner Beurteilung.

In der Kürze liegt die Würze … aber auch die Herausforderung. Sich beim Schreiben kurz halten, ist eine Kunst. Schließlich wird oftmals das Nichtgesagte, das Zwischen-den-Zeilen-Verborgene zur Essenz deiner Worte. Ein gutes Konzept für eine Kurzgeschichte regt daher den Leser zum Mitdenken an und zeigt lediglich das Momenthafte. Ein weiteres Plus: Eine Kurzgeschichte lässt sich natürlich schneller verfassen als lange Textformen, wie Romane, sodass du rascher ein Ergebnis in den Händen hältst.

PATCHWORK

NÄHE DIR EINE EIGENE DECKE AUS DEN SCHÖNSTEN STOFFFLICKEN.

Was für ein wunderbares Gefühl, wenn sich die Dinge – ganz egal, welchen Lebensbereich betreffend – am Ende zusammenfügen. Und wenn dann daraus noch etwas Schönes entsteht, ist es umso besser. Genau deshalb sollte jeder, der sich dem Nähen verschrieben hat, einmal in seinem Leben eine Patchwork-Decke nähen.

WAS IST PATCHWORK?

Patchwork (englisch für ‚Flickwerk') ist eine Textiltechnik, bei der eine Decke aus Stücken unterschiedlicher Materialien kombiniert wird. Ähnlich dem Prinzip eines Puzzles werden Stoffe (oft Reste von anderen Nähprojekten) aus Baumwolle, Filz, Leder oder anderem Material zusammengenäht. Vor allem in der britischen und amerikanischen Handwerksgeschichte hat Patchwork, im Englischen auch Quilt genannt, einen besonderen Stellenwert.

Du bist mir ein FREMDWORT

Lerne jeden Tag ein neues Fremdwort und etwas über seine Wortherkunft.

Was zum Teufel ist Kakophonie? Sind wir nicht alle ein bisschen megaloman? Und wer weiß, was ein Connaisseur den ganzen Tag so treibt? Fremdwörter lernen, das ist sicher eine der unterhaltsamsten und heitersten Challenges, welche dieses Buch hergibt. Wer seinen Wortschatz ein Leben lang erweitert, der sorgt dafür, dass sein Gehirn – ebenso wie bei Rästeln – jung bleibt. Lustig klingende Worte sind dabei bloß ein wundervoller Bonus.

Fremdwörter zum Nachschlagen:

1) Allokieren
2) Connaisseur
3) Kakophonie
4) Megaloman
5) Meritokratie
6) Arabellion
7) Atavismus
8) Defätistisch
9) Erotomanie
10) Nivellieren
11) Larmoyant
12) Oktroyieren
13) Olfaktorisch
14) Remontant
15) Reüssieren
16) Usurpieren
17) Zampano
18) Mokieren
19) Pleonasmus
20) Prosument
21) Quisquilie
22) Reziprok
23) Skeuomorphismus
24) sapiosexuell
25) Ornithologie
26) Britizismus
27) Hylismus
28) Idiosynkrasie
29) Huka
30) Polyglotte

RAUS IN DIE NATUR!

AB NACH DRAUSSEN UND DIE NATUR GENIESSEN, WAHRNEHMEN UND AUF SICH WIRKEN LASSEN.

Tag 1 Tag 2 Tag 3 Tag 4 Tag 5 Tag 6 Tag 7 Tag 8

Tag 9 Tag 10 Tag 11 Tag 12 Tag 13 Tag 14 Tag 15 Tag 16

Tag 17 Tag 18 Tag 19 Tag 20 Tag 21 Tag 22 Tag 23 Tag 24

Tag 25 Tag 26 Tag 27 Tag 28 Tag 29 Tag 30

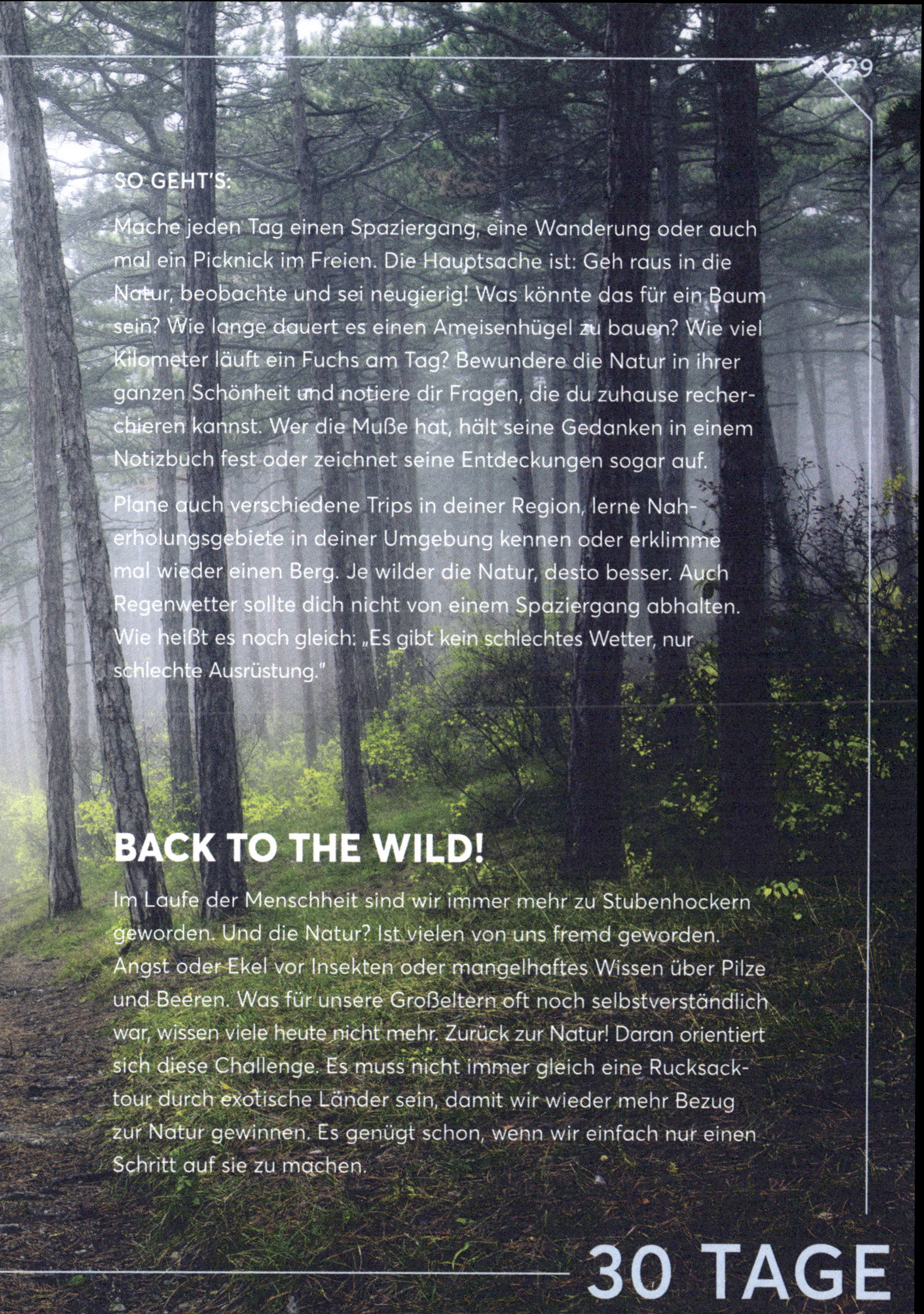

SO GEHT'S:

Mache jeden Tag einen Spaziergang, eine Wanderung oder auch mal ein Picknick im Freien. Die Hauptsache ist: Geh raus in die Natur, beobachte und sei neugierig! Was könnte das für ein Baum sein? Wie lange dauert es einen Ameisenhügel zu bauen? Wie viel Kilometer läuft ein Fuchs am Tag? Bewundere die Natur in ihrer ganzen Schönheit und notiere dir Fragen, die du zuhause recherchieren kannst. Wer die Muße hat, hält seine Gedanken in einem Notizbuch fest oder zeichnet seine Entdeckungen sogar auf.

Plane auch verschiedene Trips in deiner Region, lerne Naherholungsgebiete in deiner Umgebung kennen oder erklimme mal wieder einen Berg. Je wilder die Natur, desto besser. Auch Regenwetter sollte dich nicht von einem Spaziergang abhalten. Wie heißt es noch gleich: „Es gibt kein schlechtes Wetter, nur schlechte Ausrüstung."

BACK TO THE WILD!

Im Laufe der Menschheit sind wir immer mehr zu Stubenhockern geworden. Und die Natur? Ist vielen von uns fremd geworden. Angst oder Ekel vor Insekten oder mangelhaftes Wissen über Pilze und Beeren. Was für unsere Großeltern oft noch selbstverständlich war, wissen viele heute nicht mehr. Zurück zur Natur! Daran orientiert sich diese Challenge. Es muss nicht immer gleich eine Rucksacktour durch exotische Länder sein, damit wir wieder mehr Bezug zur Natur gewinnen. Es genügt schon, wenn wir einfach nur einen Schritt auf sie zu machen.

FINGER WEG VOM ALKOHOL

BIER, COCKTAILS UND CO. SIND TABU.
LEBE EINEN MONAT OHNE ALKOHOLISCHE GETRÄNKE.

Ohne Alkohol:

☛ bist du besser gelaunt und emotional stabiler. Keine Stimmungsschwankungen mehr.

☛ steigt dein Leistungsniveau. Nicht umsonst nennt man Alkohol auch Nervengift.

Ohne Alkohol:

☛ schonst du deine Geldbörse. Wer hat sich am Morgen nach einer Fete nicht schon mal die Frage gestellt: „Wie können die zwei Bier von gestern 50 Euro gekostet haben?"

☛ hat dein Körper wesentlich mehr Energie und du wirst fit.

Geselligkeit, Langeweile, purer Genuss, Stressabbau, Kummer, Feiern: Weshalb man Alkohol trinkt, kann so viele Gründe haben. Wie war das noch als man sein erstes Bier oder seinen ersten Cocktail gekostet hat? Die meisten waren Jugendliche, die sich endlich mal ein bisschen erwachsen gefühlt haben.

Die Keine-Alkohol-Herausforderung wird vor allem für diejenigen interessant, die sich das Feiern und ihr soziales Leben kaum mehr ohne ein Glas Wein in der Hand vorstellen können. Alkohol lockert die Zunge und macht (vorübergehend) den Kopf frei. Doch bei dieser Challenge wird man sich letztlich der Frage stellen müssen: Wie bin ich eigentlich ohne Freund Alkohol auf Partys unterwegs?

30 Tage ohne? Kein Problem…Streiche ab!

Ganz schön

COMIC

ENTWICKLE UND ZEICHNE EINEN ODER MEHRERE COMICS.

IDEEN FÜR EINEN COMIC

…findest du meist im alltäglichen Leben. Bevor du dich an deine ersten Skizzen wagst, nimm dir Zeit, um einige Ideen für eine Comic-Story zu sammeln. Beobachte die Menschen um dich herum und höre genau hin. Jede unterhaltsame, traurige oder bewegende Anekdote, die dir (oder jemand anderem) wiederfahren ist und du auch deinen Freunden erzählen würdest, macht sich sicher auch als Comic gut.

TIPP
Wenn du noch nie einen Comic gezeichnet hast, versuche dich erst einmal an einem Comicstrip, der nur aus wenigen Bildern besteht.

„Das einzige, was ich in meinem Leben bedauere, ist, keine Comics gezeichnet zu haben", soll Pablo Picasso kurz vor seinem Tod behauptet haben. Diese Aussage von einem der genialsten Künstler des 20. Jahrhunderts sollte eigentlich Grund genug sein, um sich dem Comic-Zeichnen zu widmen. Schließlich ist es eine Zeichenkunst, mit der wir selbst die kleinsten Geschichten, ganz groß darstellen und pointieren können.

KLEINE BEGRIFFSKUNDE

PANELS

…sind die Bildkästen, aus denen man den Comic baut.

BALLOON

…nennt man auch die Sprech- oder Denkblase, welche dem Leser verraten, was die Figuren sagen oder denken. Oftmals nehmen sie einen Großteil eines Panels ein.

ONOMATOPOESIE

…oder auch Lautmalerei bezeichnet Wortbildung durch sprachliche Nachahmung von Lauten oder Geräuschen, wie etwa „Au", „Buuh" oder „Huhu", aber auch „Rumpel" oder „Krachbumm".

DER KAUFRAUSCH HAT EIN ENDE. DIESEN MONAT LÄSST DU DEIN PORTEMONNAIE EINFACH MAL ZU.

SO GEHT'S: Verzichte 30 Tage auf jegliche Extrakäufe, von neuen Klamotten, Lesestoff bis hin zu Möbeln. Davon ausgeschlossen sind natürlich der Einkauf von Lebensmitteln und das Zahlen von anfallenden alltäglichen Kosten, wie Autoreparaturen.

HEUTE KAUF ICH MAL …nix. Zwanzig Paar Schuhe? Unzählige ungelesene Bücher? Wohin das heutige Konsumverhalten oft führt, erkennen viele sicherlich an ihren eigenen Kleiderschränken und Regalen. An jedem getätigten Kauf hängt wohl die Annahme, man würde sich ein kleines wahrgewordenes Stück Glück erkaufen. Dabei wissen wir im Grunde, dass Geld und Besitz nicht der Schlüssel zu einem erfüllten Leben sind (Wenn sie auch hilfreich sein können!). Kinder sind wohl das beste Beispiel, lernen sie doch nie jegliche Wertschätzung für ihre Spielsachen, wenn diese immer und regelmäßig nachgeliefert werden. Erinnere dich mit dieser Challenge daran, wie es ist, auf Luxusgüter zu verzichten. Vielleicht bist du überrascht, wie wenig Unterschied es macht und wie dein persönliches Glück keinen Schaden nimmt, nur weil du dir nicht das Neuste vom Neuste gegönnt hast.

? ? ? ? ?
Rätselhaft
? ? ? ?

Rätseln hält die Nerven im Stirnlappen fit. Was das heißt? Ganz einfach: Wer mehr Rätsel löst, hat ein jüngeres Gehirn. Angeblich soll bereits ein Kreuzworträtsel pro Tag die verbale Fitness erhalten. Nicht nur unser Körper will schließlich in Bewegung bleiben, auch unser Denkapparat muss regelmäßig gefordert werden. Also, ran an den kniffligen Denksport!

TIPP
Mittlerweile gibt es etliche Apps mit Rätseln und Quizzen für unterwegs.

Von Sudoku bis Kreuzworträtsel: Versuche dich jeden Tag an einem Quiz.

Hiermit kommst du sicher ins Rätselfieber. Eine kleine Übersicht, welche verschiedenen Typen es gibt:

- Logikrätsel, wie Sudoku
- Kreuzworträtsel
- Bilderrätsel: Finde die Fehler im Bild
- Rätselfragen und -reime
- Scharade
- Puzzle
- Streichholzrätsel
- Mathematische Rätsel
- Mechanische Knobelspiele

STORIES

LASS DICH INSPIRIEREN!

SARA WILSON und ihr Abschied vom Zucker

Nie wieder Zucker? Was für die meisten unvorstellbar oder viel zu zeitaufwendig ist, hat die australische Starköchin, Ernährungsberaterin und Journalistin Sara Wilson in ihrem Buch „Goodbye Zucker" bis ins kleinste Detail beschrieben. Wie befreit man sich vom Suchtmittel Zucker und was ändert sich im Leben, sobald man es weglässt? Auch sie selbst hat lange nach ihrer Diät gelebt. Mittlerweile isst Sara Wilson zwar wieder Zucker, aber ausschließlich in kontrollierten Mengen. Mehr über die Autorin:

www.sarawilson.com

SAROO BRIERLEY und seine unglaubliche Suche

Wie stehen die Chancen, dass ein 5-jähriger Junge, der in Indien verloren ging und mit seinen Adoptiveltern nach Tasmanien zog, nach über 25 Jahren seine leibliche Familie mithilfe von GoogleEarth wiederfindet? Der Australier Saroo Brierley, dessen unglaubliche Suche nach seiner Herkunft, im Film „Lion" 2016 in den Kinos lief, fand seine Familie nach einer mehrjährigen intensiven Suche. Was soll man dazu sagen, außer: Nichts ist unmöglich!

FAHRI YARDIM und die Komfortzone

In der 10-Wochen-Challenge „Raus aus der Komfortzone", die vom Drogeriekonzern dm ins Leben gerufen wurde, konnte man dem Schauspieler Fahri Yardim dabei zusehen, wie er sich all dem stellte, was man sich üblicherweise nur vornimmt, aber nie umsetzt. Eine Aufgabe nach der anderen musste er auf seinem Weg zu einem besseren Wohlbefinden meistern. Die Videos der Challenge gibt es auf dem Youtube-Kanal von dm zu sehen.

WÄHLE DEINE CHALLENGE FÜR 365 TAGE

Das 1-Euro-Jahr

Lesen

Raus damit

Mutprobe

Poetisiere dein Leben

Memory Book

Dich mag mal ich!

Kleiderschrankfasten

Stimmungskalender

Das alles ist Deutschland

Ich turn durchs Jahr

Sportabzeichen

365 TAGE

Das 1-Euro-Jahr

FÜTTERE DEIN SPARSCHWEIN EIN JAHR LANG TÄGLICH MIT EINEM EURO.

Psychologischer Hintergrund:

Wirf den Euro am besten direkt am Morgen oder jeden Abend vor dem Schlafengehen ein. Auf diese Weise vergisst du nie dein Sparschwein zu füttern.

Sparen fällt vielen Menschen schwer. Geld zurücklegen? Aber da waren doch noch die Sandalen, die man sich gönnen wollte? Und der Miniurlaub ans Meer? Diese Challenge macht es möglich zumindest ein wenig Geld zurücklegen, über das man sich am Ende des Jahres umso mehr freut. Und einen Euro pro Tag entbehren, das tut nun wirklich nicht weh. Mit 365 Euro kann man sich schon die eine oder andere Freude machen. Wer spart, lernt den Wert der Dinge außerdem noch einmal richtig schätzen. Zu lange hat man schließlich gespart, als das man sich dafür die nächst beste Handtasche kauft. Ganz sicher wirst du dein kleines Ersparnis mit Bedacht ausgeben.

365 TAGE

Lesen

LIES MINDESTENS 12 BÜCHER IN EINEM JAHR, DIE DU SCHON IMMER MAL LESEN WOLLTEST.

SO GEHT'S:

1) Krame alle Bücher aus deinem Regal, die du noch nie gelesen hast.
2) Entscheide dich für mindestens 12 Bücher, die du dir nun (endlich) zur Brust nehmen möchtest und erstelle eine Leseliste. Falls du weniger als 12 ungelesene Bücher hast (oder gar keine), ergänze deine Liste mit Werken, die du immer mal lesen wolltest und kaufe sie später nach.
3) Lies jeden Monat mindestens ein Buch.
4) Trage deine Lektüre in die hier abgebildete Tabelle (Diese kannst du auch als Kopiervorlage nutzen!) ein und bewerte sie mit 1 bis 5 Sternen.
5) Fasse außerdem mit wenigen Worten zusammen, wie du das Buch beschreiben würdest. Beginne deine Erläuterung immer mit den Worten „Dieses Buch …". Beispiel: „Dieses Buch hat mein Leben verändert." oder „Dieses Buch ist ab der Mitte unglaublich langatmig."

Gelesene Bücher

	BUCHTITEL	AUTOR	BEWERTUNG	„DIESES BUCH ..."
1			☆☆☆☆☆	
2			☆☆☆☆☆	
3			☆☆☆☆☆	
4			☆☆☆☆☆	
5			☆☆☆☆☆	
6			☆☆☆☆☆	
7			☆☆☆☆☆	
8			☆☆☆☆☆	
9			☆☆☆☆☆	
10			☆☆☆☆☆	
11			☆☆☆☆☆	
12			☆☆☆☆☆	

PSYCHOLOGISCHER HINTERGRUND

Je älter man wird, desto knapper wird unsere Zeit für – naja – alles, was wir eben gerne machen. Arbeit, Einkaufen, Steuererklärung: Irgendwie funkt immer was dazwischen. Sich mit einem Buch gemütlich ins Bett kuscheln oder in den Garten legen? Das ist seltener der Fall als wir es uns wünschen. Dabei hat der ein oder andere vermutlich reichlich ungelesene Lektüre im Bücherschrank stehen. Da gibt es nur eine Lösung: Man muss sich zum Lesen zwingen. Oder besser: Man muss sich die Zeit zum Lesen pflichtbewusst freischaufeln. Ein Buch zu beenden, das schon ewig auf der persönlichen Leseliste steht, ist nicht nur äußerst befriedigend, sondern das Abdriften in eine andere Welt eröffnet uns zudem neue Sichtweisen.

RAUS DAMIT

MISTE DEIN HAB UND GUT AUS UND ORDNE DEINEN ALLTAG. KNÖPFE DIR JEDEN MONAT EINEN ANDEREN BEREICH DEINES LEBENS VOR.

Befreie dich nach und nach von Altlasten und schaffe Raum in deinem Leben. Auch in deinem Kopf wird dadurch mal ordentlich Klarschiff gemacht. Dieses Jahr geht es sowohl den Kisten auf dem Dachboden als auch dem Deko-Klimmbimm in deinem Wohnzimmer an den Kragen.

Gehe bei dieser Challenge einen Bereich bzw. einen Raum nach dem anderen an. Beginne erst mit dem nächsten Bereich, wenn der vorherige vollkommen ausgemistet, Unnötiges aussortiert und alles neu geordnet wurde. Schreibe entweder selbst deine auszumistenden Bereiche auf oder orientiere dich an diesen Vorschlägen:

Kleiderschrank

Bücherregal

Keller bzw. Dachboden

Fotos (Handy, Kamera oder Album)

Schuhschrank

Küche

Deko- und Einrichtungselemente

Aktenordner (Steuer, Versicherungen etc.)

Badezimmer

Kontakte (Handy, Social-Media, Adressbuch)

Musik (z.B. alte CDs oder Handy-Playlists)

Taschen und Rucksäcke

TIPP

Spende aussortierte Sachen für einen guten Zweck! Suche dir dafür am besten gezielt eine oder zwei Aktionen bzw. soziale Organisationen raus. Oft gibt es für verschiedene Sachspenden, wie etwa Bücher, auch besondere Anlaufstellen und Annahmetermine. So hast du einen weiteren Grund, der dich dazu motiviert, die Challenge auch wirklich durchzuziehen.

MUT PROBE

TRAU DICH! PLANE MONATLICH EINE AKTIVITÄT EIN, DIE DU NOCH NIE ZUVOR GEWAGT HAST.

„Dass ich DAS geschafft hab'! Wahnsinn!"

Das oder etwas Ähnliches solltest du bei dieser Challenge nach jeder deiner geplanten Aktionen von dir geben. Erst, wenn dich ein Gefühl der Verwunderung überkommt, bei dem du von dir selbst beeindruckt bist, hast du das erreicht, was das Ziel dieser Herausforderung ist. Wenn wir über uns selbst hinauswachsen, fühlen wir uns lebendiger denn je.

Jemandem, den man schon lange mag, seine Gefühle gestehen

Bungee-Jumping

Auf der Straße Fremde ansprechen

Eine Rede halten, die keiner erwartet (z.B. bei einem Familienfest oder auf einer Party)

Jemanden, dem man etwas verschwiegen hat, die Wahrheit sagen

Paragliding

Wasserski fahren

Eine Felswand hochklettern

Allein in den Urlaub fahren

So geht's:

1) Notiere 12 Aktivitäten, die du dich bisher noch nicht getraut hast oder die du schon immer einmal machen wolltest. Achte darauf, dass es sich dabei um Aktivitäten handelt, die deinen ganzen Mut fordern. Jeder hat für die Wahl seiner Aktivitäten natürlich seinen eigenen Richtwert was Mut betrifft. Wofür der eine seinen ganzen Mumm aufbringen muss, macht ein anderer ohne mit der Wimper zu zucken.
2) Bereite dich einen Monat lang auf jeweils eine Aktivität vor. Informiere dich über alle Einzelheiten und setze dich damit auseinander.
3) Erzähle, wenn du möchtest, auch einer Freundin oder einem Freund von deinem Vorhaben. Vielleicht benötigst du bei einigen Aktivitäten Beistand oder ein Händchen, das du halten kannst.
4) Schreibe ein paar Zeilen über jede Aktivität, sobald du sie gemeistert hast. Entsprach alles deinen Erwartungen? Würdest du es noch mal machen? Hast du etwas daraus gelernt?

In einem gewagten Outfit feiern gehen

Heißluftballon fahren

Poetisiere dein Leben

LIES EIN JAHR LANG JEDE WOCHE EIN GEDICHT, DAS VON EINEM GROSSEN DICHTER UND DENKER STAMMT.

Brecht, Heine, Rilke, Hölderlin, Eichendorff, Fontane, Nietzsche und wie sie alle heißen. Die Liste der großen Dichter der alten und neuen deutschen Literatur ist ellenlang und würde an dieser Stelle nur die Buchseite sprengen. Obwohl viele der geschriebenen Gedichte bereits mehrere hundert Jahre alt sind, bleiben ihre Worte unvergessen und zeitlos. Immer noch findet man sich in ihnen wieder und erkennt die Wahrheit, die ihnen zugrunde liegt. Auch heute noch kann man an ihren Worten wachsen.

Du musst dich natürlich nicht nur auf die deutsche Lyrik beschränken. Gedichte aus aller Herren Länder sind erlaubt. Vielleicht liest du auch jeden Monat Gedichte aus einem jeweils anderen Herkunftsland.

Nimm dir jeden Monat mindestens vier Gedichte zur Hand und beschäftige dich mit zwei davon näher. Wann wurde es geschrieben? Wer war der Verfasser (wenn überhaupt bekannt)? Um nur einige zu nennen, hier Beispiele für berühmte Gedichte der deutschen Lyrik:

Der Mensch und ***Abendlied*** von Matthias Claudius

Heutige Welt-Kunst von Friedrich von Logau

An sich von Paul Fleming

Es ist alles eitel von Andreas Gryphius

Kirschblüte bei Nacht von Barthold Heinrich Brockes

Die frühen Gräber von Johann Gottfried Klopstock

Natur und Kunst, ***Erlkönig*** und ***Wandrers Nachtlied*** von Johann Wolfgang von Goethe

Das Mädchen aus der Fremde von Friedrich Schiller

Hälfte des Lebens und ***Lebenslauf*** von Friedrich Hölderlin

Ich weiß von Clemens Brentano

Mondnacht und ***Abschied*** von Joseph von Eichendorff

Der Knabe im Moor und ***Am Turme*** von Annette von Droste-Hülshoff

Ich weiß nicht, was soll es bedeuten und ***Nachtgedanken*** von Heinrich Heine

Denke es, o Seele! von Eduard Mörike

Die Stadt von Theodor Storm

Herr von Ribbeck auf Ribbeck im Havelland und ***John Maynard*** von Theodor Fontane

Vereinsamt von Friedrich Nietzsche

Ballade des äußeren Lebens Hugo von Hofmannsthal

Weltende von Jakob von Hoddis

Letzte Wache von Georg Heym

Nachthimmel und Sternenfall von Rainer Maria Rilke

Memory **Book**

One Line a Day! Schreibe täglich einen (möglichst positiven) Gedanken oder ein eindrucksvolles Erlebnis in ein Notizbuch oder einen Kalender.

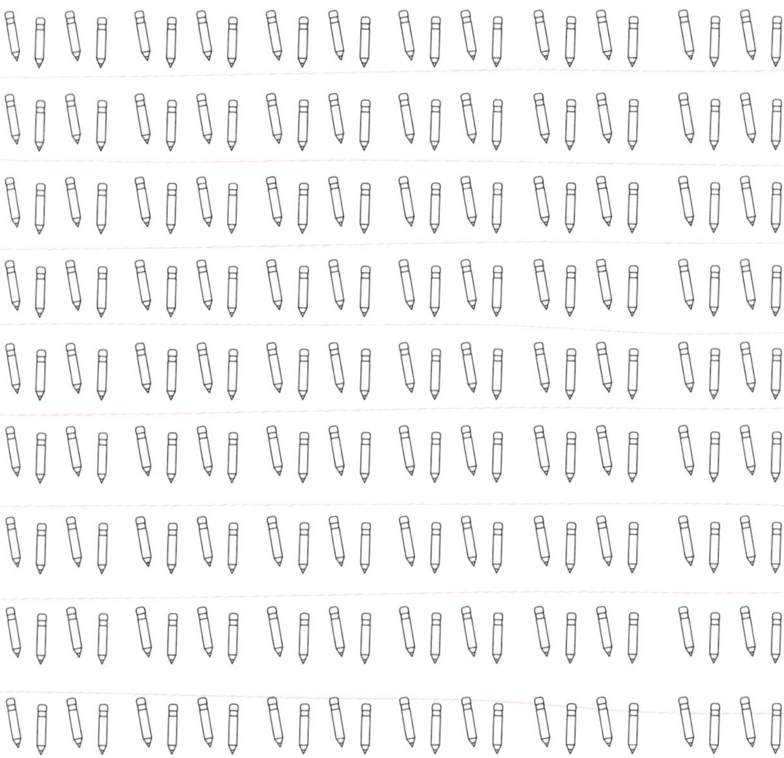

Die Tage ziehen oft in einem Affenzahn an uns vorbei, dass wir uns bereits anstrengen müssen, um uns daran zu erinnern, was wir letzte Woche erlebt haben. Geschweige denn, was wir für Gedanken hatten. Ein Notizbuch bzw. Kalender, in das/dem du deine frohgesinnten Gedanken oder Erfahrungen ein Jahr lang festhältst, birgt nicht nur enormes Unterhaltungspotenzial (Nämlich, wenn du das Geschriebene später liest!). Du wirst in der Lage sein, zu bestimmten wertvollen Momenten zurückzukehren oder Vergessenes aufzufrischen. Und: Wer heute seine positiven Gedanken niederschreibt, kann sich in den dunklen Augenblicken von morgen von seinen eigenen Worten trösten lassen.

TIPP
Im Handel gibt es mittlerweile Memory Books, die nach dem ‚One Line a Day'-Prinzip gestaltet sind!

MALE (ODER ZEICHNE) JEDE WOCHE EIN NEUES MOTIV, DAS DIR IM ALLTAG BESONDERS INS AUGE GEFALLEN IST.

Dich ~~mag~~ mal ich!

SO GEHT'S:

1) Male oder zeichne ein Motiv pro Woche und fertige eine erste Skizze davon an. Sammle deine Skizzen und Entwürfe in einer Mappe.

2) Ab dem 8. oder 9. Monat führst du dir alle Skizzen noch einmal zu Gemüte. Nimm diejenigen aus der Sammlung, die dir am besten in Erinnerung geblieben sind bzw. die dich ansprechen. Stelle dir auch die Frage, weshalb gerade diese Motive dich beeindrucken.

3) Arbeite in den verbleibenden Monaten an deinen ausgewählten Motiven. Erstelle weitere Varianten von jedem Motiv oder arbeite eine Variante über mehrere Wochen aus, womöglich mithilfe von verschiedenen Mal- und Zeichentechniken. Sieh dir zuletzt die Entwicklung jedes Motivs von der ersten Skizze bis zum finalen Werk an.

Überall um uns herum warten sie darauf von uns aufs Papier befördert zu werden. Motive aller Art umgeben uns zur Genüge, man muss sich nur ein Künstlerherz (und ein Blatt Papier) fassen. Diese Challenge wird nicht nur deine Kunstfertigkeit verbessern und deine Wahrnehmung schärfen, da du du deine Umwelt noch genauer beobachten wirst. Sie wird dir außerdem beweisen, dass gut Ding Weile braucht und dass sich der Entfaltungsprozess – vor allem in den Künsten – hinziehen kann. Die Suche nach diesem einen Motiv, indem du dich wiederfindest, sie lohnt sich.

Kleiderschrankfasten

Setz deinen Kleiderschrank auf Diät und kaufe ein Jahr lang keine neuen Klamotten. Auch Second-Hand ist tabu!

Keine Shopping-Touren, keine nächtlichen Online-Käufe, bei denen man am Ende nicht mal mehr recht weiß, was man da grad bestellt hat, und kein Durchblättern der Kataloge mit den aktuellen Kollektionen. Uff, warum sollte man sich das nur antun? Shopping-Queens und -Kings werden bei dem Gedanken, ein Jahr auf Kleider-diät zu sein, sicher einen kleinen Aussetzer ihres Herzschlags spüren. Die Frage, die hinter dieser Challenge steckt und die sich jeder stellen sollte, ist simpel: Ändert sich wirklich unser Leben oder ändern wir uns gar selbst, bloß weil wir mal nix kaufen?

Es geht auch ohne Shoppen!

- ☐ **Nostalgisch!** Entdecke alte Kleidung neu und hole alte Trends zurück.
- ☐ **Pimp your style!** Kombiniere oder ändere deine Kleider bis zur Unkenntlichkeit. Vielleicht lernst du ja noch nähen.
- ☐ **Leih dir was!** Es muss ja nicht immer das eigene sein.
- ☐ **Mach eine Bestandsaufnahme!** Sichte einfach mal alles, was dein Kleiderschrank hergibt. Eventuell entdeckst du längst Vergessenes.
- ☐ **Freu dich über mehr Geld!** Jedes Mal, wenn du etwas nicht kaufst, notiere dir, wie viel Geld du durch deinen Nicht-Kauf gespart hast. Man denke an all das Extrakleingeld, was plötzlich übrig bleibt.

Yeah! Wieder einen Monat geschafft!

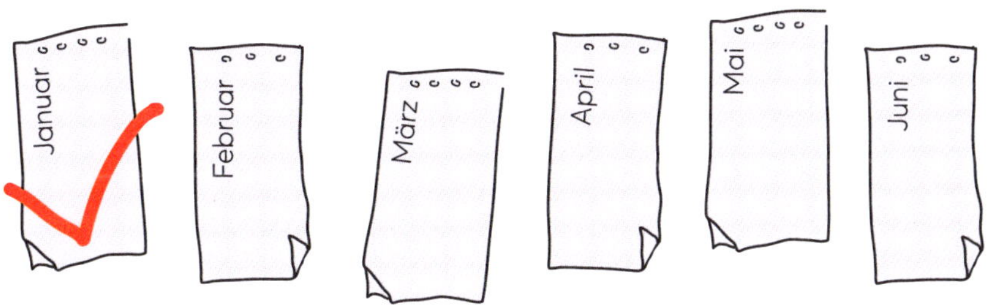

TIPP
Geschenkte Kleider darfst du selbstverständlich annehmen. Wer von der Lieblingsomi einen selbstgestrickten Pullover zum Geburtstag bekommt, muss diesen natürlich nicht herzlos ausschlagen.

Stimmungs-kalender

FERTIGE JEDEN TAG EIN BILD AN, DAS DEINE TAGESSTIMMUNG WIDERSPIEGELT UND ERSTELLE DEINEN GANZ PERSÖNLICHEN STIMMUNGSKALENDER.

So geht's:

1 Lege dir ein Skizzenbuch zu, in das mindestens 365 Zeichnungen passen. Wahlweise kannst du natürlich auch zwei dünnere Bücher besorgen.

2 Entwirf ein Jahr lang täglich eine Skizze oder eine Bild mit der Technik deiner Wahl, die deine jeweilige Gemütsstimmung offenbart. Es gibt nur eine Regel: Von Smiley über Selbstportrait bis Collagen – es ist alles erlaubt! Schreibe das Tagesdatum sowie auch einen Begriff oder einen Satz darunter, der diese Stimmung ebenfalls beschreibt. Wenn du zornig warst, könntest du z.B. noch den Grund für deinen Zorn dazuschreiben. Auf diese Weise kannst du dein Bild auch Jahre später noch zuordnen.

3 Am Ende des Jahres lässt du das Jahr Revue passieren, indem du durch dein Skizzenbuch blätterst. Schreibe auf den letzten Seiten einige Gedanken zu deinem Stimmungskalender auf. Welche Bilder fallen dir besonders ins Auge und weshalb? Gibt es Bilder, an die du dich vielleicht nicht mal mehr erinnern kannst?

Gefühle lenken uns, schützen uns und können uns ganz unerwartet übermannen. Um uns an sie zu erinnern, führen viele Menschen Tagebücher. Mit einem Stimmungskalender, wie er in dieser Challenge entstehen soll, werden unsere Gefühle jedoch sichtbar festgehalten. Noch dazu drücken wir mit Bildern aus, was wir nicht in Worte fassen wollen oder können. Auf gewisse Weise erscheint diese Tagebuchform also wesentlich persönlicher und tiefgreifender als die klassische Variante.

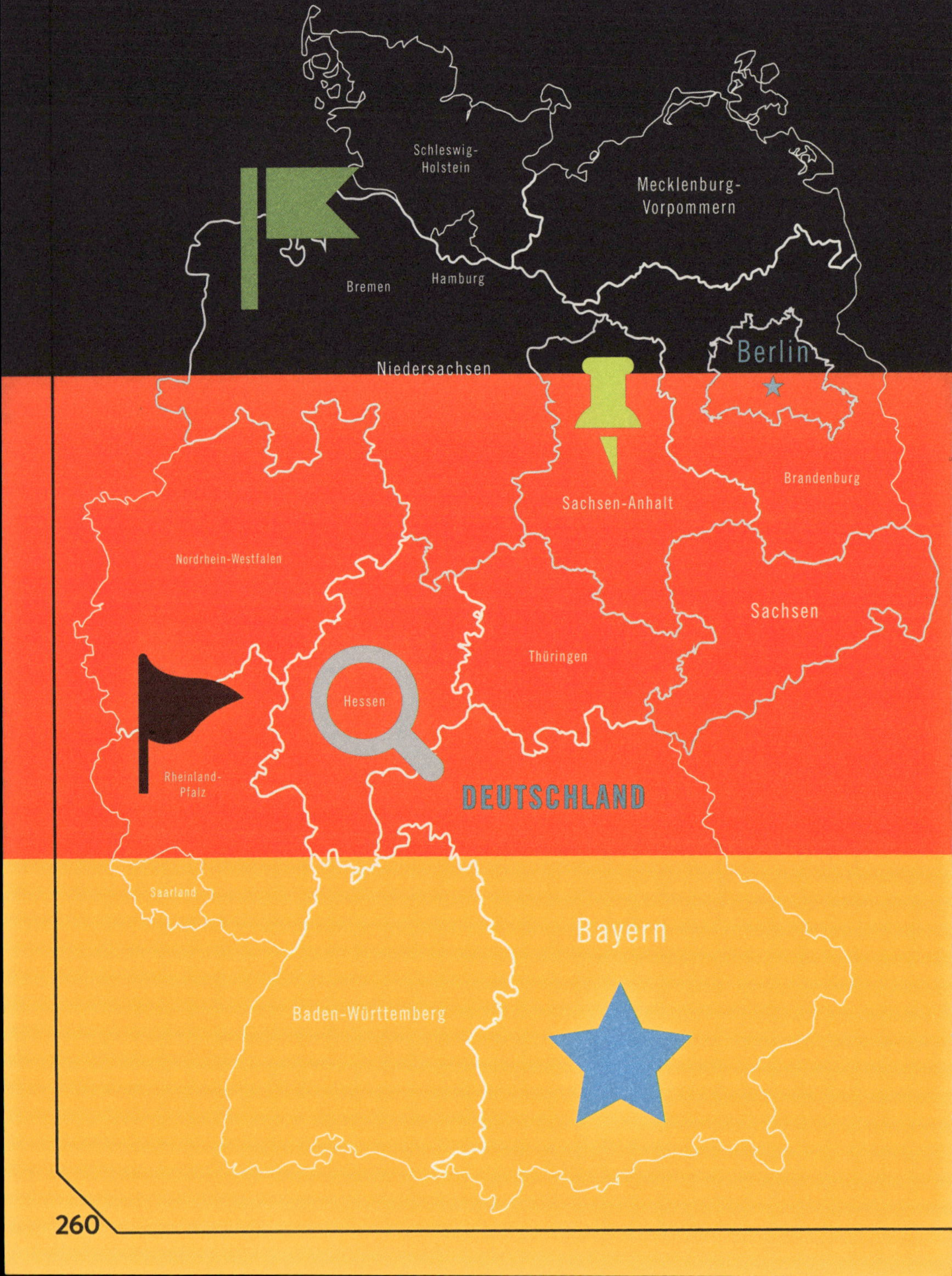
Schleswig-
Holstein
Mecklenburg-
Vorpommern
Bremen
Hamburg
Niedersachsen
Berlin
Brandenburg
Sachsen-Anhalt
Nordrhein-Westfalen
Sachsen
Thüringen
Hessen
Rheinland-
Pfalz
DEUTSCHLAND
Saarland
Bayern
Baden-Württemberg

DAS ALLES IST DEUTSCHLAND

LERNE ALLE DEUTSCHEN BUNDESLÄNDER VON GRUND AUF KENNEN – UND LIEBEN!

SO GEHT'S: *Lerne alle 16 Bundesländer richtig kennen. Beschäftige dich einige Wochen mit jedem Land. Das ein oder andere Bundesland könntest du auch mithilfe einer Reise besser kennenlernen. Hier einige Ideen, was du über jedes Bundesland herausfinden könntest:*

- ★ Die 10 schönsten Sehenswürdigkeiten
- ★ 10 Berühmtheiten, die dorther stammen bzw. dort verwurzelt waren/sind
- ★ 5 kulinarische Besonderheiten
- ★ Die größten Städte
- ★ 10 historische Fakten
- ★ Das Landeswappen und seine Bedeutung
- ★ Die Hauptstadt und ihre Geschichte
- ★ 5 regionale Bräuche
- ★ Dialekte und Sprecheigenheiten
- ★ 10 bekannte Unternehmen, die dort ihren Standort haben
- ★ Wettertrend im Jahresverlauf
- ★ Aktuelle Politik
- ★ Demografische Zahlen
- ★ Besondere Feiertage und wie sie gefeiert werden
- ★ Natur und Umwelt
- ★ Kunst und Musik aus der Region
- ★ Architektonische Eigenheiten

Ich turn durchs Jahr

ÜBE LÄNGST VERGESSENE TURNÜBUNGEN UND TURNE DURCHS GANZE JAHR.

Nee, was waren wir als Kinder beweglich! Auf Bäume klettern, von Klettergerüsten hängen wie Schimpansen oder beim Herumtollen wie wild Purzelbäume schlagen. Mit dieser Challenge holst du dir die Beweglichkeit aus Kindertagen zurück in den Alltag und wirst – hoffentlich – auch ein bisschen mehr Leichtigkeit aus jenen Tagen zurückgewinnen. Doch lass dich nicht von dieser kindlichen Leichtigkeit beirren: Wer einen Handstand oder einen Spagat schaffen will, wird viel Disziplin und tägliche Turneinheiten brauchen.

So geht's: Erstelle dir einen Plan von Dehn- und Turnübungen, welche du jeden Tag innerhalb von 30 Minuten – vorzugsweise morgens – durchziehst. Das Ziel dieser Übungen sollte eine Steigerung deiner Beweglichkeit sein. Setze dir außerdem zum Ziel, am Ende des Jahres mindestens drei von diesen Übungen meistern zu können: ______

- Spagat
- Handstand
- Kopfstand
- Purzelbaum (Rolle vorwärts)
- Rolle rückwärts
- Die fünf Grundpositionen aus dem Ballett
- Rad schlagen
- Brücke

SPORT-ABZEICHEN

SPORN DEINEN SPORTLICHEN EHRGEIZ AN, INDEM DU DICH FÜR EIN SPORTABZEICHEN ODER EINEN KURS MIT PRÜFUNG ANMELDEST.

Sport und Ehrgeiz: Diese beiden Kandidaten vertragen sich nicht bei jedem. Wer als Sportmuffel auf die Welt gekommen ist, braucht stets mehr Anstoß, um sich sportlich zu betätigen. Sportabzeichen dürften da wohl die ideale Lösung sein, denn diese üben noch einmal zusätzlichen Druck aus. Das Abnehmen ist dabei bloß noch ein positiver Nebeneffekt, denn deine Ziele steckst du höher als den trivialen Verlust von Gewicht. Es ist einfach ein unglaublich bestärkendes Gefühl, wenn man eine Urkunde oder ein Abzeichen in den Händen hält. Man sollte schließlich hin und wieder Stolz für sich und seine Errungenschaften empfinden.

SO GEHT'S: Informiere dich, welche Sportabzeichen oder -pässe für dich in Frage kommen und welches die Voraussetzungen für einen erfolgreichen Abschluss sind. Die beiden gängigsten Abzeichen sind:

▶ **DAS DEUTSCHE SPORTABZEICHEN (DSA)**

...gibt es in Bronze, Silber oder Gold. Viele machen ihr Abzeichen bereits in der Schule, aber die für den Erwerb zu bringenden Leistungen werden unter anderem nach dem Alter gestaffelt. Eine mehrfache Auszeichnung ist also möglich.

▶ **SCHWIMMABZEICHEN**

...kennen die meisten ja noch aus ihren Seepferdchen-Zeiten. Der Schwimmpass lässt sich allerdings noch bis zum Goldstatus erweitern und kann in vielen Schwimmhallen beim Bademeister absolviert werden.

Weitere Auszeichnungen oder Scheine, die dich möglicherweise anspornen:

▶ **KLETTERPASS**

▶ **WINDSURFING-GRUNDSCHEIN**

▶ **DAS KLEINE UND GROSSE HUFEISEN (REITEN)**

▶ **SPORTBOOTFÜHRERSCHEIN**

▶ **GÜRTEL BEI KARATEPRÜFUNGEN**

REGISTER

SUCHE DEINE CHALLENGE NACH SCHLAGWORTEN!

G

H

I

J

K

BUCHEMPFEHLUNGEN FÜR SIE

ISBN 978-3-7724-4907-9

ISBN 978-3-7724-4913-0

ISBN 978-3-7724-4912-3

ISBN 978-3-7724-4908-6

ISBN 978-3-7724-4914-7

ISBN 978-3-7724-4911-6

ISBN 978-3-7724-4900-0

ISBN 978-3-7724-4903-1

ISBN 978-3-7724-4901-7

KREATIV-BÜCHER FINDEN SIE AUF WWW.TOPP-KREATIV.DE

Weitere Ideen zum Selbermachen gesucht?

Lieblingsstücke von einfach bis einfach genial finden Sie bei TOPP! Lassen Sie sich auf unserer Verlagswebsite, per Newsletter oder in den sozialen Netzwerken von unserer Vielfalt inspirieren!

Website

Verlockend: Welcher Kreativratgeber soll es für Sie sein? Schauen Sie doch auf **www.TOPP-kreativ.de** vorbei & stöbern Sie durch die neusten Hits der Saison!

TOPP-Autoren

Sie wollen wissen, wer die „Macher" unserer Bücher sind? Wer Ihnen nützliche Tipps &Tricks gibt? Auf **www.TOPP-kreativ.de/Autor** warten jede Menge spannender Infos zum jeweiligen Autor auf Sie. Finden Sie heraus, welches Gesicht hinter Ihrem Lieblingsbuch steckt!

Facebook

Werden Sie Teil unserer Community & erhalten Sie brandaktuelle Informationen rund ums Handarbeiten auf **www.Facebook.com/Mitstrickzentrale**
Wer sich für Basteln, Bauen, Verzieren & Dekorieren interessiert, ist auf **www.Facebook.com/Bastelzentrale** genau richtig!

Pinterest

Sie sind auf der Jagd nach den neusten Trends? Sie suchen die besten Kniffe? Die schönsten DIY-Ideen? All' das & noch vieles mehr gibt es von TOPP auf **www.Pinterest.com/Frechverlag**

Newsletter

Bunt, fröhlich & überraschend: Das ist der TOPP-Newsletter! Melden Sie sich unter: **www.TOPP-kreativ.de/Newsletter** an & wir halten Sie regelmäßig mit Tipps & Inspirationen über Ihr Lieblings hobby auf dem Laufenden!

Extras zum Download in der Digitalen Bibliothek

Viele unserer Bücher enthalten digitale Extras: Tutorial-Videos, Vorlagen zum Downloaden, Printables & vieles mehr. Dieses Buch auch? Dann schauen Sie im Impressum des Buches nach. Sofern ein Freischaltcode dort abgebildet ist, geben Sie diesen unter **www.TOPP-kreativ.de/DigiBib** ein. Nach erfolgreicher Registrierung erhalten Sie Zugang zur digitalen Bibliothek & können sofort loslegen.

YouTube

Sie wollen eine ganz neue Technik ausprobieren? Sie arbeiten an einem spannenden Projekt, aber wissen nicht weiter? Unsere Tutorials, Werbetrailer, Interviews & Making Of's auf **www.YouTube.com/Frechverlag** helfen Ihnen garantiert dabei, den passenden Ratgeber von TOPP zu finden.

Instagram

Sie sind auf Instagram unterwegs? Super, TOPP auch. Folgen Sie uns! Sie finden uns auf **www.Instagram.com/Frechverlag**
Möchten Sie uns an Ihrem Lieblingsprojekt teilhaben lassen? Am besten posten Sie gleich ein Foto mit dem Hashtag **#frechverlag** & wir stellen Ihr Werk gerne unserer Community vor – yeah!

Alles in einer Hand gibt's hier:

KREATIV-BÜCHER FINDEN SIE AUF WWW.TOPP-KREATIV.DE

ÜBER DIE TEXTERIN

Sabine Hausmann jongliert schon seit einigen Jahren beruflich mit Worten und arbeitet als Marketing-Redakteurin und freie Texterin in Aachen. Während ihrer Arbeit an diesem Buch hat sie nicht nur jeden Morgen mit dem Sonnengruß den Tag begonnen, sondern außerdem einen (halbwegs) erfolgreichen Kaffeeentzug hingelegt und nebenbei an ihrem Spagat geübt.

IMPRESSUM

PRODUKTMANAGEMENT: Nina Armbruster, Janina Vogel

FOTOS: Bilder von www.fotolia.com: S. 56/57 © Александр Косолапов, S. 126/12 © vetre, S. 151 © Sunny studio, S. 160 © Brian Jackson, S. 169 © Masson, S. 172 © Pavlo Vakhrushev, S. 188 © PointImages, S. 203 © Galyna Andrushko, Hintergrund S. 44/45, 118/119, 238/239 © A_Bruno, Hintergrund S. 88/89, 206/207, 250/251© macgyverhh, Hintergrund S. 248/249 © LeitnerR; **Bilder von www.istockphoto.com:** S. 2 © TommL, S. 20 © SherSor, S. 31 © sankai, S. 41 © Thomas Demarczyk, S. 52 © kieferpix, S. 71 © jaouad.K, S. 90 © RyanKing999, S. 111 © lzf, S. 112/113 © inakiantonana, S. 117 © czekma13, S. 135 © skyNext, S. 176/177 © Sergey Tinyakov, S. 179 © solar22, S. 181, 183 © Rattikankeawpun, S. 185 © solar22, S. 187 © Viktoria_Yams, S. 191 © MichaelSvoboda, S. 192 © Altayb, S. 246 links © dstaerk, mittig rechts © trekandshoot, rechts © Photoboyko, S. 247 oben links © guenterguni, oben mittig © Magone, CDs mittig © AnnekeDeBlok, Ordner rechts © gopixa, Ikons mittig © Gajus, unten © didecs; **Bilder von www.shutterstock.com:** S. 32/33 © Fat Jackey, S. 72/73 © unverdorben jr, S. 92/93 © art_of_sun, S. 102/103 © roubicko, S. 104/105/Umschlag © Marek Trawczynski, S. 123 © Svitlana Sokolova, S. 136, 138, 140, 142 © Petr Baumann, S. 152/153 © BrAt82, S. 156/157 © Africa Studio, S. 200 oben © mrPliskin, S. 214/125 © A. and I. Kruk, S. 228/229 © BABAROGA, S. 247 oben rechts Christbaumschmuck © Iryna Melnyk, Hintergrund S. 194/195 © Triff; alle übrigen deisgned by freepik

LAYOUT UND UMSCHLAGGESTALTUNG: Konstanze Laue

SATZ: Konstanze Laue, FSM Premedia GmbH & Co. KG, Münster

DRUCK UND BINDUNG: GPS Group GmbH, Österreich

1. Auflage 2018

ISBN 978-3-7724-4909-3 • Best.-Nr. 4909